M. Tullius Cicero

Briefe

Cicero und seine Zeit

Erläuterungen
von Dr. Heribert Philips

D1730382

Ferdinand Schöningh

Paderborn · München · Wien · Zürich

© 1979 by Ferdinand Schöningh at Paderborn

München · Wien · Zürich

Printed in Germany

Herstellung: Ferdinand Schöningh at Paderborn

ISBN 3-506-10819-0

Inhaltsübersicht

XII. Ciceros literarische Tätigkeit   149

I. Ciceros politische Laufbahn bis zum Ende seines Konsulates

1. Cicero als Leiter des Repetundengerichtshofes (Att. 1,4)

Der Brief ad Att. 1,4 stammt aus der ersten Hälfte des Jahres 66. Er zeigt uns Cicero nicht nur in seiner Tätigkeit als Prätor des Jahres 66, in seiner Funktion als Leiter des Repetundengerichtshofes, sondern auch in seinen privaten Interessen als Liebhaber griechischer Kunstwerke und Bücher auf seinen Landgütern.

1. **exspectatio:** Erwartung, Sehnsucht. — **nobis** = mihi. Pluralis modestiae. Er wird als Ausdruck der Bescheidenheit und Höflichkeit anstelle des Singulars verwendet, um so die gemeinsame Ansicht von Briefschreiber und Adressat herauszustellen. — **mensis Quintilis:** (der fünfte Monat; wurde später C. Julius Cäsar zu Ehren Iulius genannt) Juli. — **reicere:** zurückwerfen, verschieben, vertrösten. — **censeo:** (ich dächte) mit folgendem Konjunktiv (hier ohne ut) enthält einen Rat bzw. eine Aufforderung. — **commodo tuo:** nach deiner Bequemlichkeit, bei günstiger Gelegenheit. — **obire (c. acc.):** sich einfinden zu, teilnehmen an. — **obieris** = Coni. Potentialis. — **comitia:** Es sind die bevorstehenden Wahlen des Quintus Cicero zum Ädil für das Jahr 65 gemeint. — **visere** (Intens. von vidēre): wiedersehen, besuchen. — **Acutilianus:** Acutilius ist ein Geschäftsfreund des Atticus. Cicero soll bei ihren, hier nicht näher bezeichneten Geschäften, vermitteln. — **Sextus Peducaeus:** Mit ihm war Atticus durch langjährige Geschäftsfreundschaft sehr verbunden. — **transigere:** sich vergleichen, ein Abkommen treffen. — **intercessio:** Vermittlung (besonders in Geldsachen).

2. **voluntas:** Wille, Wohlwollen, Zustimmung. — **transigere:** einen Prozeß durchführen, abschließen. — **C. Licinius Macer:** Prätor des Jahres 68, Anhänger der Popularen und bekannter Historiker, wurde in einem Repetundenprozeß verurteilt. Der Ausdruck „pecuniae repetundae" ist eine unbestimmte und euphemistische Kennzeichnung verschiedener Willkürmaßnahmen und Gewalttaten römischer Verwaltungsbeamter in den Provinzen. Zur Zeit der Republik fielen die Repetundenvergehen ab 149 in die Kompetenz der quaestiones perpetuae, der ständigen Geschworenengerichte. Den Vorsitz bei diesem Prozeß führte Cicero. — **aequi esse (c. dat.):** gerecht, un-

parteiisch verfahren gegen. — **existimatio**: Achtung, Gunst. — Bezeichnend ist der Blickwinkel, unter dem Cicero den Ausgang des Prozesses sieht. Als Bewerber für die bevorstehende Konsulwahl ist er daran interessiert, die Sympathien weiter Kreise zu gewinnen, um günstige Voraussetzungen für ein weiteres erfolgreiches Durchlaufen der Ämterlaufbahn zu erreichen.

3. Hermathena, ae, f.: Doppelstatue des Hermes und der Athene (Minerva) auf einem Sockel. Cicero wollte seine kürzlich erworbene Villa bei Tusculum mit griechischen Kunstwerken ausstatten und gab Atticus den Auftrag, Standbilder und Skulpturen zu besorgen. — **Academia**: In Anlehnung an die Akademie Platons in Athen, wo Cicero seine Studienzeit verbrachte, errichtete er auf seinem Landgut in Tusculum ein Gymnasium, das den Namen ,,Academia" erhielt. — **insigne, is, n.**: Kennzeichen, Symbol. — **singularis, e**: charakteristisch. Minerva war als Göttin der Wissenschaft und Weisheit die Schutzpatronin der Akademie. — **signum**: Standbild. — **Formianum**: Landgut bei Formiae. — **Caieta**: Gemeint ist das Formianum, das zwischen den beiden Orten Formiae und Caieta lag. — **abundare**: im Überfluß leben, bei voller Kasse sein. — **Crassus**: M. Licinius Crassus mit dem Beinamen Dives (Konsul 70 und 55, Censor 65) galt — ebenso wie Krösus — als Inbegriff des Reichtums. — **pratum**: Wiese. Zu einem großen Landhaus gehörten oft Dörfer und weite Wiesen. Der Besitzer war darauf bedacht, seinen Besitz ständig zu erweitern, da auch damals Grundbesitz als eine sichere Kapitalanlage angesehen wurde.

2. Ciceros Überlegungen zur Konsulatsbewerbung (Att. 1,1)

Der Brief ad Att. 1,1 gibt einen interessanten Einblick, welche Überlegungen Cicero im Juli des Jahres 65 für seine Konsulatsbewerbung anstellt. Er äußert sich über seine Mitbewerber, schätzt ihre Aussichten ein und zieht auch die Kandidaten für 64 in seine Betrachtungen mit ein, da ja auch der Ausgang dieser Wahl Einfluß hat auf seine künftigen Mitbewerber (§§ 1 und 2).

In einem zweiten Teil des Briefes (§§ 3 und 4) entschuldigt er sich ausführlich bei Atticus, daß er den Prozeß des Caecilius gegen Satyrus nicht übernehmen könne. Als Hauptgrund gibt Cicero Verpflichtungen und Rücksichten gegenüber seinem Freund an. Aber auch der Gedanke an seine Konsulatsbewerbung mag seine Entscheidung mit beeinflußt haben. Denn gerade Cicero als homo novus (Mann ohne Ahnen) war darauf angewiesen, die Sympathien einflußreicher Bürger nicht zu verlieren.

1. petitio: Bewerbung. Gemeint ist Ciceros Konsulatsbewerbung für das Jahr 63. — **petitionis nostrae huius modi ratio est** = ita se habet nostra petitio. — **coniectura:** Vermutung. — **possit:** Der Konjunktiv schränkt die Behauptung des Hauptsatzes ein. — **prensare** (Intens. v. prehendere): sich um ein Amt bewerben, sich bewerben. — **P. Sulpicius Galba:** Cicero räumt ihm für die Konsulatsbewerbung keine großen Chancen ein. — **fucus:** Schminke. — **fallacia:** Verstellung. — **sine fuco et fallaciis:** offen und ungeschminkt. Sprichwörtliche Redensart. Vgl. Brief 7,1, wo Cicero von den fucosae amicitiae (unechten Freundschaften) spricht. — **more maiorum:** Nimmt die sprichwörtliche Redensart wieder auf. Die Bürger äußern nach echt römischer Art offen und deutlich ihre Ablehnung des Kandidaten. — **negare:** ablehnen. — **prensatio:** Bewerbung (um ein Amt). — **praeproperus:** übereilt, voreilig. Das steigernde Praefix betont noch die Eigenschaft des Bewerbers. — **alienus:** ungünstig. — **ratio:** Plan, Absicht. — **vulgo:** allgemein. — **debēre:** verpflichtet sein. Die Verbundenheit vieler Bürger mit Cicero hing mit seiner erfolgreichen Anwaltstätigkeit zusammen. — **proficere:** nützlich sein, nützen. — **sperare:** mit Inf. Präs. steht bei einer Handlung, die schon begonnen hat und noch andauert. — **percrebrescere:** sich verbreiten, bekannt werden. — **cogitaramus** = Kurzform für cogitaveramus. Das Plusquamperfekt steht hier als Tempus des Briefstils. Cicero versetzt sich in die Zeit, in der Atticus den Brief empfängt. — **Cincius:** Geschäftsführer des Atticus. — **puer:** Sklave. — **in campo** (sc. Martio). — **comitia tribunicia:** Tribunenwahlen. Die Volkstribunen (tribuni plebis) nahmen eine Sonderstellung innerhalb der römischen Beamten ein. Das Volkstribunat war während der Ständekämpfe als Schutz gegen die Patrizier eingerichtet worden. Die Volkstribunen hatten das Recht, gegen Entscheidungen eines Magistrats oder des Senates Einspruch zu erheben (ius intercessionis), eine Volksversammlung einzuberufen, in der Gesetze beschlossen werden konnten (ius cum plebe agendi), und den Senat zu versammeln (ius senatus habendi). — **a. d. XVI Kal. Sextiles:** am 17. Juli. Die Tribunenwahlen gingen den Konsulatswahlen voraus. — **competitor:** Mitbewerber, Konkurrent. — **C. Antonius Hybrida:** Onkel des

Triumvirn Antonius. War mit Cicero zusammen im Jahre 69 Ädil und im Jahre 63 Konsul. — **Q. Cornificius**: Volkstribun im Jahre 69, Prätor des Jahres 66. Er war Richter im Verresprozeß, in dem Cicero sich lobend über ihn ausspricht (Verr. I, 30). — **videantur**: Der Konjunktiv ist hier mit einschränkendem Sinn gebraucht (insoweit, insofern). — **in hōc**: Cicero äußert sich hier sehr abwertend über seinen Mitbewerber Cornificius. — **ingemiscere**: seufzen, stöhnen. — **frontem ferire**: sich an die Stirn schlagen. Gemeint ist: aus Staunen bzw. Unwillen über die Dummheit eines anderen. — **Caesonius**: Er war zugleich mit Cicero als Ädil für das Jahr 69 gewählt. Er war auch als Richter im Verresprozeß tätig und galt nach den Worten Ciceros als unbestechlich. — **C. Aquilius Gallus**: bedeutender Rechtsgelehrter und Prätor des Jahres 66. — **non arbitrabamur** sc. competitorem fore. — **regnum iudiciale**: Königtum, führende Stellung vor Gericht. Der lateinische Ausdruck hat eine ironische Färbung. Denn häufig haben die Wörter rex/regnum für den Römer eine negative Nuance. — **opponere**: dagegen anführen, einwenden. — **L. Sergius Catilina**: Prätor des Jahres 68. Nach seiner Statthalterschaft der Provinz Afrika wurde er im Jahre 65 wegen Ausbeutung der Provinzialen (de pecuniis repetundis) angeklagt, wurde aber durch Bestechung des Anklägers freigesprochen. Nachdem er sich in den Jahren 64 und 63 ohne Erfolg um das Konsulat beworben hatte, plante er einen Staatsstreich. Cicero jedoch deckte in seinem Konsulatsjahr (63) die Pläne der Verschwörer auf, deren Anführer er hinrichten ließ. Catilina fiel in der Schlacht bei Pistoria. — **meridie non lucēt** (sprichwörtliche Redensart): am Mittag ist es nicht hell. — Cicero sieht in Catilina einen Mitbewerber, wenn dieser freigesprochen wird. Cicero aber hält einen Freispruch des Catilina, das besagt diese sprichwörtliche Redensart, für völlig ausgeschlossen, da seine Schuld klar auf der Hand liegt. — **Aufidius**: Jurist. Prätor im Jahre 67, danach Statthalter in Asia. Cicero nennt ihn im Brutus (179): et bonus vir et innocens, sed dicebat parum. — **M. Lollius Palicanus**: Prätor des Jahres 69. Cicero charakterisiert ihn in seinem Brutus folgendermaßen: aptior etiam Palicanus auribus imperitorum (vgl. auch Quint. inst. 4,2,2 loquax magis quam facundus).

2. nunc: Bewerbung für das Jahr 64. — **Caesar**: L. Iulius Caesar war ein entfernter Verwandter des Diktators C. Iulius Caesar. Er bekleidete im Jahre 67 die Quästur und im Jahre 64 das Konsulat. Seine Schwester Julia — die Mutter des Triumvirn M. Antonius — rettete ihn vor den Proscriptionen. — **certus:** Bezieht sich nicht, wie vorher, auf die sichere Teilnahme an der Bewerbung, sondern auf die Aussichten selbst, designierter Konsul zu werden. — **Q. Minucius Thermus:** Es ist unklar, um welchen Thermus es sich hier handelt. — **D. Iunius Silanus:** Konsul des Jahres 62. Bei der Debatte über die Hinrichtung der Catilinarier sprach er sich zunächst für deren Hinrichtung aus. Nach der Rede Caesars änderte er seine Meinung (vgl. Sall. Cat. 50). — **ἀδύνατον:** unmöglich, aussichtslos. Cicero bedient sich in den Briefen an den griechisch gebildeten Atticus häufig griechischer Fremdwörter, ein Zeichen für die persönliche Hinwendung Ciceros zum Adressaten. — **L. Turius:** Prätor des Jahres 75. Eine negative Charakterisierung gibt Cicero auch im Brutus (237): L. Turius, parvo ingenio, quoquo modo poterat, saepe dicebat; itaque ei paucae centuriae ad consulatum defuerunt. — **ratio:** Interesse, Vorteil. — **conducere:** zuträglich sein, nützlich sein. — **petere:** sich bewerben. — **recidere:** (in eine Zeit) hineinfallen. Nach Ciceros Meinung wäre Thermus für das Jahr 63 ein starker Konkurrent, wenn er bei den Wahlen für 64 keinen Erfolg hätte. Diese Bemerkung Ciceros scheint zunächst im Widerspruch zu der vorher gemachten Aussage (sic inopes et ab amicis et existimatione sunt) zu stehen. Doch geht aus dem folgenden Satz klar hervor, daß die Position des Thermus bei einer späteren Wahl wesentlich gestärkt erscheint. — **curator:** Leiter, Bevollmächtigter, Kurator. Die großen römischen Straßen unterstanden einem Kurator. — **Via Flaminia:** Sie verband Rom mit Ariminum (heute Rimini). — **absolutus:** vollendet, fertiggestellt. — **cogitationem informare:** Überlegungen anstellen. — **suffragium:** Abstimmung. — **Gallia:** Da die römischen Bürger der Provinz Gallia ulterior ein großes Gewicht bei den Wahlen hatten, überlegt er, im September des Jahres 65, wenn die Zeit der Gerichtstermine vorbei ist, sich einige Monate dem Statthalter C. Calpurnius Piso als Legat anzuschließen. Es gab verschiedene Formen der legatio. Bei der von Cicero gewählten handelte es sich um die sogenannte libera legatio. Mit dem Titel und den Rechten eines staatlichen Gesandten konnte er wie ein privater Reisender die Provinz besuchen. — **refrigescere, refrixi** (frigus): erkalten, ins Stocken geraten, still werden. — **C. Calpurnius Piso:** Konsul des Jahres 65. Statthalter von Gallia Transalpina und Cisalpina. Cicero verteidigte ihn im Jahre 63 erfolgreich in einem Repetundenprozeß gegen Caesar. — **voluntates nobilium:** Bestrebungen, Stimmung der Nobilität. Die Nobilität war die entscheidende Gruppe in der römischen Politik, die sorgfältig darüber wachte, daß das höchste Staatsamt den nobiles vorbehalten blieb. Die Übernahme des Konsulats erst machte einen Römer bzw. seine Familie zu Mitgliedern der Nobilität. Andererseits setzte die Übernahme des Konsulates die Zugehörigkeit zur Nobilität voraus. Da die Volksversammlung den Konsul bestellte, konnten auch „neue Leute" (homines novi) das höchste Amt einnehmen. Cicero war als homo novus nicht nur gehalten, die Interessen der Nobilität zu berücksichtigen, sondern mußte auch zum Ritterstand und zu den populares Verbindungen aufnehmen. Daß Cicero die Stimmung der Nobilität nicht richtig eingeschätzt hatte, zeigt die Tatsache, daß er für das Jahr 64 zwar mit L. Caesar als Konsul rechnete, aber den anderen gewählten Konsul C. Marcius Figulus nicht einmal erwähnte. — **prolixum esse:** gut vonstatten gehen. — **dumtaxat:** solange nur. — **manus, us, f.:** Gefolgschaft. — **Cn. Pompeius Magnus:** Konsul in den Jahren 70, 55 und 52. Er erhielt ein außerordentliches Kommando gegen die Seeräuber und Mithridates VI. (67 und 66). Im Jahre 60 schloß er mit Caesar und Crassus das 1. Triumvirat. Nach seiner Niederlage im Bürgerkrieg gegen Caesar bei Pharsalus (48) floh er nach Ägypten zu Kleopatra, wo er ermordet wurde. — **praestare:** erhalten. — **propius abesse:** näher sein. Atticus befindet sich in Griechenland, während sich Pompeius in Kleinasien aufhält. Durch die weite räumliche Entfernung und durch seine militärischen Aufgaben (Krieg gegen Mithridates VI. von Pontus) konnte Pompeius Cicero sicher keine aktive Unterstützung bei der Konsulatsbewerbung leisten. Seine Hilfe bestand darin, daß er sich beim Volke für Cicero einsetzte. — **nega ... venerit:** scherzhafte Bemerkung Ciceros: Atticus soll Pompeius veranlassen, mit seinem Heer nicht noch vor den Wahlen nach Rom zurückzukehren, damit dieses nicht womöglich noch für einen Gegenkandidaten stimmen könne.

3. pervelle: gern wollen, sehr gern sehen. — **Q. Caecilius:** Onkel des Atticus, der durch Geldverleihungen zu großem Reichtum gekommen war. Er adoptierte später seinen Neffen. — **P. Varius:** nicht näher bekannt. — **Caninius Satyrus:** mit Cicero befreundet. — **fraudare** (fraus): betrügen. — **frater:** Vetter. — **agere** (als gerichtl. t. t.) heißt es sowohl vom Angeklagten (= sich verteidigen) als auch vom Anwalt (= einen Prozeß führen). — **dolo malo:** durch arglistige Täuschung. — **mancipio accipere:** durch Kauf an sich bringen. — **diceret:** Durch den Konjunktiv stellt Cicero den Inhalt des Satzes nicht als objektive Tatsache hin, sondern als subjektive Meinung des Caecilius. — **Licinius Lucullus:** Konsul des Jahres 74. Er kämpfte als Feldherr gegen Mithridates VI., bis er im Jahre 66 sein Kommando an Pompeius übergab. — **P. Cornelius Scipio:** Schwiegervater des Pompeius, mit dem er zusammen im Jahre 52 Konsul war. — **L. Pontius:** Freund Ciceros. — **magister** (sc. auctionis): Bevollmächtigter (bei einer Zwangsversteigerung). Wurde das Vermögen eines Schuldners versteigert, wählte die Versammlung der Gläubiger aus ihren Reihen einen Leiter der Versteigerung (magister), der die Interessen der Gläubiger vertrat. — **adesse:** vor Gericht beistehen, verteidigen. Cicero verwendet hier das Verbum adesse, obwohl er von der Anklage spricht, die er auf Wunsch des Caecilius übernehmen soll. Es ist für Cicero typisch, daß er auch sonst (vgl. Reden gegen Verres) eine von ihm übernommene Anklage als Verteidigung der Interessen der Geschädigten interpretiert. Das mag auch damit zusammenhängen, daß die Rolle des Anklägers seinem Wesen fremd war und daß er eine starke Abneigung zeigte, als Ankläger in Prozessen aufzutreten. — **ventitare** (Intens. v. venire): häufig kommen, zu kommen pflegen, kommen. — **L. Domitius Ahenobarbus:** Er war einer der mächtigsten und reichsten Männer der Nobilität. Bei Ausbruch des Bürgerkrieges folgte er dem Pompeius. Er fiel in der Schlacht bei Pharsalus. — **observare:** verehren, schätzen. — **proximum habere:** als sehr guten Freund behandeln.

4. ambitio: Amtsbewerbung, Bewerbung. — **contendere:** streiten. — **illo** = Satyrus. — **amplus:** einflußreich, angesehen. — **perhibēre** (als Anwalt): aufstellen, darbieten, stellen. — **suo nomine:** in seinem Namen, persönlich. — **durus:** unfreundlich. — **bellus** (umgangssprachlich): fein, nett. — **longe refugere ab:** weit zurückweichen vor, völlig abbrechen. — **humanitas:** Anstand, Schicklichkeit. Mit humanitas ist hier eine bestimmte Gesinnung und Haltung gemeint, die Cicero in einer mißlichen Lage seines Freundes beweist. Die Freundschaft ist für Cicero nicht eine oberflächliche gesellschaftliche Bindung, sondern eine societas, die sich in einer schwierigen Lage bewährt. — **existimatio:** guter Ruf, Ansehen. Eine Verurteilung des Satyrus hätte eine ungünstige Einschätzung in der öffentlichen Meinung zur Folge gehabt und hätte seiner Karriere geschadet. — **contra venire:** auftreten gegen. — **officia conferre:** Gefälligkeiten erweisen. Cicero gibt in § 3 und 4 eine genaue Begründung für seine Ablehnung der Prozeßübernahme. — „ἐπεὶ οὐχ ἱερήιον οὐδὲ βοείην": „nicht um ein Opfertier oder um ein Stierfell" (geht es). Das Zitat stammt aus Homer, Ilias 22, 159. Dort verfolgt der griechische Held Achilles in einem anstrengendem Lauf den Trojaner Hektor, den er dann nach langem Zweikampf tötet. Das Zitat besagt, daß es bei diesem Lauf nicht wie bei einem sportlichen Laufwettkampf um einen geringen, sondern um einen sehr hohen Preis geht. — **cursus**: Cicero vergleicht im Anschluß an das Iliaszitat seine Bewerbung mit einem Lauf (Rennen), bei dem es um sehr viel geht. — **gratiae, arum, f.**: Beliebtheit, Wohlwollen, Ansehen. — **spero** (mit Inf. Perf.) = confido: ich bin fest überzeugt (H.-Sz. 358). — **probare**: glaubhaft machen, beweisen.

5. Hermathena (vgl. Brief 1,3): Doppelstatue des Hermes und der Athene. — **ἀνάθημα**: Zierde. — **amare**: Im Gegensatz zu diligere drückt amare einen höheren Grad der Zuneigung aus. Die häufige Verwendung von amare als dem persönlicheren Wort entspricht dem privaten Charakter der ciceronischen Briefe. Innerhalb der ciceronischen Briefsammlungen läßt sich noch der Unterschied feststellen, daß in den Atticusbriefen amare gegenüber diligere deutlich dominiert (Verhältnis 3 : 1), während in der Sammlung ad familiares diligere ein Übergewicht hat.

3. Wahlkampfvorbereitungen für das Jahr 63 (Att. 1,2)

Das Anfangswort des Briefes gibt das für Cicero wichtigste familiäre Ereignis im Jahr 65 wieder: Die Geburt seines Sohnes Marcus. Mit dieser privaten Nachricht verknüpft Cicero die Mitteilung wichtiger politischer Neuigkeiten. Die Bewerbung um das Konsulat, das für ihn die Krönung seiner politischen Laufbahn bringen soll, erfordert intensive Vorbereitungen. Daher bittet er den Atticus dringend, bald nach Rom zu kommen und sich bei seinen einflußreichen Freunden für ihn einzusetzen. Bemerkenswert sind auch Ciceros Beziehungen zu Catilina, den er ursprünglich in einem Repetundenprozeß verteidigen wollte, weil er — wohl infolge der Zusammensetzung des Gerichtshofes — einen Freispruch erwartete.

1. L. Iulius Caesar und **C. Marcius Figulus** sind designierte Konsuln für das Jahr 64. — **filiolus**: Ciceros Sohn Marcus wurde im Spätsommer des Jahres 65 geboren. Er war nach der im Jahre 76 geborenen Tochter Tullia das zweite Kind von M. Tullius Cicero und seiner Frau Terentia. — **augēri**: beschenkt werden. Übliche Formulierung bei einer Geburtsanzeige. — **Terentia**: Ciceros erste Frau, die er im Jahre 77 heiratete. — Die kurzen Hauptsätze und mehrere Ellipsen am Anfang des Briefes kennzeichnen Ciceros seelische Grundstimmung. — **ratio**: Berechnung, Überlegung, Plan. — **antea**: (Antithese zum folgenden hoc tempore) bezieht sich auf Brief 2,1 vom Juli des Jahres 65. — **Catilina**: vgl. zu Brief 2,1. Dort hielt Cicero einen Freispruch des Catilina noch für völlig ausgeschlossen. — **competitor**: Mitbewerber. — **iudices**: Die Besetzung des Repetundengerichtshofes (quaestio de repetundis) wechselte seit seiner Einrichtung im Jahre 149 v. Chr. durch die lex Calpurnia mehrfach. Erst Sulla (81/80 v. Chr.) gab die Strafgerichtsbarkeit wieder der Senatsaristokratie zurück. Durch die lex Aurelia aus dem Jahre 70 wurden Senatoren, Ritter und Ärartribunen Mitglieder des Geschworenengerichtes. Angeklagter und Ankläger hatten das Recht, aus der vom Prätor aufgestellten Geschworenenliste eine bestimmte Anzahl von Richtern abzulehnen. — **summa voluntate**: mit voller Einwilligung. — **accusator**: Als Ankläger fungierte P. Clodius Pulcher, der später behauptete, von Catilina bestochen worden zu sein. Clodius spielte später in Ciceros Leben eine verhängnisvolle Rolle, als er im Jahre 58 durch mehrere Gesetzesanträge Cicero in die Verbannung trieb. — **petitio**: Bewerbung. — **humaniter** (Nebenform von humane): menschlich, mit Fassung. Die Form humaniter findet sich in den Briefen doppelt so häufig wie das Adverb humane, während humaniter in den philosophischen Schriften Ciceros nicht vorkommt.

2. maturus: früh, rechtzeitig. Atticus benötigt eine längere Zeit, um seine Beziehungen für Cicero in der rechten Weise einzusetzen und seine einflußreichen Freunde in der Nobilität für Cicero zu gewinnen. — **summa opinio est**: die Meinung ist am stärksten (= allgemein) vertreten. — **familiares**: Zu den einflußreichsten Freunden des Atticus gehörten u. a. der Gerichtsredner Hortensius, Konsul des Jahres 69, und Licinius Lucullus, Konsul des Jahres 73, der als Feldherr in Kleinasien gegen Mithridates IV. kämpfte. — **nobiles**: vgl. zu Brief 2,2. Da Cicero nicht der Nobilität angehörte, widersetzten sich die Angehörigen dieser Gruppe der Bewerbung Ciceros. — **honor**: Auszeichnung, Ehrenamt. — **voluntas**: Zuneigung, Wohlwollen.

4. Rückblick auf das Konsulat (fam. 5,2)

Epist. fam. 5,2 — Ende Januar oder Anfang 62 in Rom verfaßt — ist an Q. Caecilius Metellus Celer adressiert, der als Prätor im Jahre 63 Cicero in seinem Kampf gegen Catilina tatkräftig unterstützt hatte. Durch den Verzicht Ciceros war Metellus für das folgende Jahr Statthalter der Provinz Gallia Cisalpina geworden, von wo aus er den Kampf gegen die Catilinarier fortführen sollte.

Der Bruder des Metellus, Q. Caecilius Metellus Nepos, der seit dem 10. Dezember 63 Volkstribun war, griff als Anhänger des Pompeius Cicero im Senat mehrfach heftig an und hinderte ihn, den üblichen Rechenschaftsbericht am Ende seines Amtsjahres vor dem Volke abzugeben. Er sah nämlich in der Hinrichtung der Catilinarier eine eigenmächtige und ungesetzliche Handlung Ciceros. Als sich die Auseinandersetzungen im Senat zuspitzten, verbot der Senat schließlich dem Metellus die Amtsführung. In dieser Situation schrieb Q. Metellus Celer im Januar 62 aus Gallia Cisalpina einen kurzen und unfreundlichen Brief (fam. 5,1) an Cicero, in dem er ihm wegen seines Verhaltens im Senat verschiedene Vorwürfe machte.

Epist. fam. 5,2 stellt nun ein detailliertes Antwortschreiben Ciceros dar, wobei die §§ 1—5 die höfliche Zurückweisung des ersten Vorwurfes enthalten, während die §§ 6—9 der ausführlichen Widerlegung des zweiten Vorwurfes dienen. In § 10 faßt Cicero seine Ausführungen in einem Schlußwort zusammen, in dem sein Bemühen, mit Metellus und seinem Bruder zu einem Vergleich zu kommen, noch einmal besonders deutlich wird.

Da aus Ciceros Konsulatsjahr keine Briefe erhalten sind, ist epist. fam. 5,2 der erste Brief Ciceros, in dem er sich zu seinem Konsulat und zu der politischen Lage nach Ablauf seines Amtsjahres äußert. Die Bedrohung des Staates durch Catilina und seine Anhänger hatte die Machtkämpfe zwischen Senats- und Volkspartei eine Weile ruhen lassen, jetzt aber — zu Beginn des Jahres 62 — traten die Gegensätze wieder auf.

1. Si . . . valetis, bene est: Eine häufig verwendete Eingangsformel, manchmal abgekürzt S.V.B.E. Cicero gebraucht diese Formel meist in offiziellen Briefen. Da Metellus ein militärisches Kommando innehat, wird auch das Heer mit in die Grußformel einbezogen. Die Höflichkeit in einem förmlichen Schreiben erfordert es aber auch, in der Anrede den Vornamen des Schreibers und Adressaten zu nennen und Abstammung des

Empfängers anzugeben. — **bene:** Das Adverb steht hier bei esse, da esse im Sinne von „sich verhalten" gebraucht wird. — **pro:** gemäß, bei. — **mutuus:** gegenseitig. — **animus:** Neigung, freundschaftliches Verhältnis. Das Hyperbaton hebt das Adj. mutuus hier besonders hervor. — **gratiam reconciliare:** sich wieder aussöhnen. — **ludibrium:** Spott. — **afferre:** Absoluter Gebrauch des Verbs für nuntium afferre. Der absolute Gebrauch von Verben ist in den Briefen Ciceros stark vertreten. — **permulti:** Mit steigerndem per gebildete Adjektive scheinen ein Element der Umgangssprache zu sein und sind daher in Ciceros Briefen besonders häufig. — **rem publicam conservatam (sc. esse):** Cicero meint die Rettung des Staates durch die Hinrichtung der Catilinarier. Nicht wenige aber sahen darin eine schwere Rechtsverletzung. — **propinqui:** Es sind dies Q. Metellus Nepos, gegen dessen Angriffe sich Cicero im Senat verteidigte, und sein Schwager P. Clodius Pulcher, der Todfeind Ciceros. — **reticēre:** verschweigen. Cicero macht dem Metellus den Vorwurf, lobende Äußerungen über ihn im Senat auf Veranlassung seiner Verwandten unterlassen zu haben. Er mildert die Kritik an Metellus, indem er die Schuld seinen Verwandten gibt. — **dispertire:** verteilen. — **rem publicam retinēre:** den Staat erhalten. — **a domesticis insidiis et ab intestino scelere:** Der Ausdruck bezieht sich auf die verbrecherischen Anschläge des Cethegus und Lentulus innerhalb Roms. Der Senator Cethegus war ein fanatischer Anhänger Catilinas. C. Lentulus Sura, Konsul des Jahres 71, hatte sich Catilina 65/64 angeschlossen und war nach seinem Weggang aus der Hauptstadt dort der Anführer der Verschwörung. Er wurde nach einem Senatsbeschluß auf Befehl Ciceros hingerichtet. — **armati hostes:** Hierunter sind die bewaffneten Anhänger Catilinas zu verstehen, die sich unter der Führung des Manlius und Catilina in Etrurien befanden und die der Senat zu Landesfeinden (hostes) erklärt hatte. — **occulta coniuratio:** Außerhalb Roms stifteten die Anhänger Catilinas an verschiedenen Stellen Unruhen, um so eine Konzentration der römischen Truppen auf Catilina zu verhindern. — **societas:** Gemeinschaft. Die gemeinsame Tätigkeit im Jahre 63 (als Prätor und Konsul) und der gemeinsame Kampf gegen Catilina haben eine gegenseitige Bindung geschaffen. — **labefactare** (Intens. zu labefacere): wankend machen, erschüttern. — **honorificus:** ehrenvoll. Metellus erhielt durch Senatsbeschluß den ehrenvollen Auftrag, mit einem Heer ins Picenerland gegen die Anhänger Catilinas zu ziehen. — **voluntas:** Zuneigung. Cicero macht dem Metellus den Vorwurf, sich für seine Förderung nicht in der gleichen Weise erkenntlich gezeigt zu haben.

2. sermo: Worte. Im Gegensatz zu oratio, der feierlichen Rede, ist sermo das Gespräch, die zwanglose Unterhaltung. Cicero will wohl seine Worte als gelegentliche Äußerung darstellen. — **non iniucundus:** Ciceros Worte wurden mit Heiterkeit aufgenommen. — **mediocris:** mäßig, unerheblich. — **ingenue:** frei, offenherzig, freimütig. — **iam:** (führt den Gedanken weiter) nun, ferner. — **in clarissimis meis . . . rebus:** Wieder ein lobender Hinweis auf sein Konsulat. — **testimonium tuae vocis:** Zeugnis, Anerkennung aus deinem Mund.

3. Quod. . . scribis: Mit diesen Worten wird (ebenso in §§ 5 und 6) der Vorwurf des Metellus noch einmal genannt und anschließend widerlegt. — **hoc** = mutuum esse. — **par voluntas:** Eine ähnliche Definition der amicitia gibt Cicero in seinem Dialog Laelius de amicitia 58: „Altera sententia est, quae definit amicitiam paribus officiis ac voluntatibus", fügt aber kritisch hinzu, daß eine solche Auffassung von Freundschaft allzu kleinlich die Einnahmen und Ausgaben aufrechne. — **praemittere provinciam:** auf die Provinz verzichten, auf die Verwaltung der Provinz verzichten. Die brachylogische Verwendung von provincia = Verwaltung der Provinz ist umgangssprachlich. Cicero und sein Mitkonsul Antonius sollten nach Ablauf ihrer Amtszeit die Verwaltung der Provinzen Macedonia und Gallia Cisalpina erhalten. Cicero verzichtete zugunsten des Antonius auf die reichere Provinz Macedonia, um seine Unterstützung beim Kampf gegen Catilina zu gewinnen. Später sorgte Cicero dafür, daß Metellus die konsularische Provinz Gallia Cisalpina bekam, wohl in der Absicht, in Rom weiter am politischen Geschehen aktiv teilzunehmen. — **levis:** leichtsinnig, unbeständig. — **rationes:** Berechnung, Interessen. Cicero blieb in Rom, um den Kampf gegen Catilinas Anhänger weiterzuführen. — **contio:** Im Unterschied zu den comitia, in denen über Magistrate und Gesetze abgestimmt wurde, war die contio eine Volksversammlung, die keine Entscheidungsbefugnis besaß, sondern in der das Volk nur Berichte entgegennehmen konnte. — **sortitio:** Auslosung. Die Verlosung der Provinzen fand unter dem Vorsitz des Konsuls Antonius statt, der, wie Cicero es andeutet, mit seinem Wissen Metellus die Provinz Gallia Cisalpina zuspielte. — **conlega:** Ciceros Mitkonsul C. Antonius Hybrida. — **senatum cogere:** den Senat einberufen. Die Einberufung des Senats geschah durch Cicero, der die Auslosung durch den Senat bestätigen ließ. — **contumeliosus:** herabwürdigend. Durch das große Lob, das Cicero dem Metellus vor dem Senat aussprach, fühlten sich die anderen Prätoren herabgesetzt.

4. iam: ferner — **praescriptio:** der Anfang (des Senatsbeschlusses). Der formelhafte Anfang eines Senatsbeschlusses enthielt u. a. die Namen der Senatoren, die den Beschluß verfaßt hatten, in diesem Falle auch Ciceros Namen. Daran schloß sich offensichtlich ein Lob des Metellus an, das seiner Tätigkeit als Prätor galt. — **exstare:** vorhanden sein. Die Protokolle von Senatsbeschlüssen wurden mit anderen Akten und Urkunden im Staatsarchiv (tabularium) aufbewahrt, so daß Ciceros Verdienste um Metellus urkundlich festgehalten wurden. — **officium:** Dienst, Leistung. **profectus es:** Metellus war schon im November 63 mit drei Legionen in den ager Picenus gegen Catilina geschickt worden (vgl. Sall. Cat. 30,5). — **velim** (c. coni.): Leitet eine höfliche Bitte ein. — **agere:** sprechen. — **quae:** Die Anapher unterstreicht Ciceros Verdienste dem Metellus gegenüber. — **colligere:** sammeln, zusammenstellen. — **adventus:** Ankunft, Besuch. Metellus ist offensichtlich im Dezember des Jahres 63 nach Rom zurückgekehrt, wohl um Vorbereitungen für die Übernahme der Provinz Gallia Cisalpina zu treffen. Bei diesem Besuch blieben die von Cicero erhofften lobenden Äußerungen im Senat aus (vgl. § 1 zu propinqui). — **proxime:** kürzlich. — **respondēre:** entsprechen. — In den §§ 3 und 4 antwortet Cicero in ruhiger und höflicher Weise auf die Beschuldigungen des Metellus, wobei die verschiedenen Abstufungen seiner Ausdrucksweise Beachtung verdienen: si hoc dicam — illud dico — nihil dico — recordare cetera — iam illud (§ 4) — velim recordere — quae ... collegeris — velim iudices. Der Ausdruck quae ... collegeris bildet den Schlußpunkt seiner Argumentation. Metellus soll durch die Aufzählung der Freundschaftsdienste Ciceros zu der Erkenntnis kommen, daß sein Vorwurf unberechtigt ist. Gleichzeitig will Cicero aufzeigen, was unter in amicitia mutuum (§ 3) zu verstehen ist.

5. reconciliata gratia nostra: Cicero streitet ab, daß früher ein Streit zwischen ihnen bestanden habe.

6. Mit § 6 beginnt die Widerlegung des zweiten Vorwurfes, der sich auf die Behandlung des Q. Metellus Nepos bezieht. Dieser hinderte durch sein Veto als Volkstribun Cicero daran, vor dem Volke den üblichen Rechenschaftsbericht am Ende seines Amtsjahres abzulegen. Im Jahre 57 setzte sich Metellus als

Konsul für Ciceros Rückkehr aus der Verbannung ein, ein Beweis dafür, daß die Kontroverse aus den Jahren 63/62 beseitigt war. — **mihi** = dat. auctoris. — **fraternam plenam**: Die beiden Adjektive, die grammatisch zu dem Substantiv voluntatem gehören, werden asyndetisch gebraucht, da sie logisch nicht gleich stehen. Das eine Adjektiv (fraternam) bildet mit dem Substantiv (voluntatem) einen Begriff (i. D. = Bruderliebe), der durch das zweite Adjektiv (plenam c. gen.) näher erläutert wird. — **humanitas**: Die früheste Definition des Begriffes gibt Gellius, ein Grammatiker des zweiten Jahrhunderts n. Chr. (Noctes Atticae XIII, 17,1—4). Danach steht humanitas einerseits der griechischen φιλανθρωπία, der Menschenfreundlichkeit, nahe, andererseits erreicht es beinahe die Bedeutung der griechischen παιδεία, der Bildung. Bei Cic. fam. 5,2,6 steht es mehr im philanthropischen Sinne. — **pietas**: Verehrung, Anhänglichkeit. — **resistere**: Antithese zu oppugnare im vorhergehenden Satz. Cicero weist den Vorwurf, er habe Metellus angegriffen, zurück. Er sieht sich vielmehr in der Position des Verteidigers (vgl. resistere), der sich der Angriffe des Metellus erwehren muß. — **ut ignoscas**: Der ut-Satz ist noch abhängig von velim. — **quam qui maxime** (sc. amicus est): wie kaum ein anderer. Cicero sucht sein Vorgehen gegen Metellus zu rechtfertigen. — **iniuria**: Cicero gebraucht dieses Wort in kurzen Abständen fünfmal hintereinander. — **conqueri**: sich beschweren bei. — **conatus**: Versuch, Bemühen. Conatus steht bei Cicero oft für politische Anfeindungen. — **Claudia** (oder Clodia): Frau des Q. Metellus Celer, eine Schwester des P. Clodius, eine geistig bedeutende Frau, berüchtigt wegen ihres Lebenswandels. — **Mucia**: Cousine der Meteller und Frau des Pompeius, von der er sich im Jahre 62 scheiden ließ. Cicero bemühte sich, mit Hilfe der beiden Frauen um einen Ausgleich mit Q. Metellus Nepos. — **necessitudo**: enge Verbindung, freundschaftliche Beziehung. — **deterrēre**: abbringen von.

7. magistratu abire: von einem Amt abtreten. Am letzten Tag der Amtszeit gab der höhere römische magistratus vor der Volksversammlung (contio) einen Rechenschaftsbericht über sein abgelaufenes Amtsjahr und legte einen Eid ab, daß er während seiner Amtszeit nichts Ungesetzliches getan habe. Der Volkstribun untersagte Cicero diesen Bericht mit der Begründung, wer römische Bürger ungehört habe hinrichten lassen, dürfe auch nicht gehört werden. Cicero legte den üblichen Eid ab und schwor außerdem, daß er das Vaterland gerettet habe.

Das Volk stimmte ihm zu und geleitete ihn in ehrenvoller Weise bis zu seinem Hause. — **privavit:** Durch sein Veto (intercessio). **idem** ist mit quod zu verbinden.

8. insignis iniuria: schreiendes Unrecht. — **mihi est non integrum:** ich habe nicht mehr freie Hand, es liegt nicht mehr in meiner Macht. — **etenim:** denn, und allerdings. — **paulo ante:** Am 10. Dezember, bei Antritt seines Amtes. — **animum advertere in aliquem:** jemanden strafen. — **indicta causa:** Die Popularen sahen das vom Senat beschlossene Todesurteil über die Catilinarier nicht als rechtsgültig an. Sie verübelten es Cicero, daß er den Catilinariern nicht die Möglichkeit gab, sich zu verteidigen (causam dicere), sondern sie ohne Verhör (indicta causa) hinrichten ließ. — **gravis:** streng. Ironische Verwendung der beiden Adjektive gravis und egregius. — **boni:** Optimaten. — **trucidare:** ermorden. — **bellum conflare:** einen Krieg entfachen. — **curiam ... liberasset:** Cicero gebraucht hier fast wörtlich den ehrenvollen Senatsbeschluß vom 3. Dezember 63, durch den für ihn ein Dankfest beschlossen wurde. Vgl. Cat. 3,15 ... quod urbem incendiis, caede cives, Italiam bello liberassem. Der Ausdruck Italiam bello ist etwas ungenau, da Catilina sich noch mit seinem Heer in Italien befand. — **praesens:** persönlich. — **constans:** standhaft, entschlossen. — **agere:** In der Volksversammlung am 3. Januar 62 sprach Metellus über seine Gesetzesvorschläge, durch die Pompeius in Abwesenheit zum Konsul gewählt und mit seinem Heer aus Asien zurückgerufen werden sollte, um Catilina endgültig zu besiegen. — **deliberatus:** überlegt. — **disceptatio:** Diskussion, die bei einem Gerichtsverfahren angestellt wird, um die Wahrheit zu finden. — **impressio:** Angriff, Überfall. Die Ausdrücke iudicium und disceptatio gehören ebenso wie vis und impressio eng zusammen und können als Hendiadyoin aufgefaßt werden. — **temeritas:** Verwegenheit. — **casu ... consilio:** Cicero ist es seinem Ruf, den er durch sein Konsulat gewonnen hat, schuldig, dem Metellus energisch entgegenzutreten.

9. nescisti = nescivisti. — **celare:** verheimlichen, in Unkenntnis lassen. — **impertire:** mitteilen. — **lenis:** sanftmütig. — **facilis:** liebenswürdig. — **expostulare cum aliquo:** sich bei jemd. beklagen. — **dictum:** nur ein Wort. — **humanitas:** Versöhnlichkeit. — **remissio:** Nachsicht. — **dissolutio:** Schlaffheit, Schwäche — **sententiam dicere:** einen Antrag stellen. — **sedens:** An einen Antrag, den ein Senator gestellt hatte, schloß sich eine Umfrage an. Wer der Meinung des Antragstellers folgte, äußerte kurz seine Zustimmung und blieb dabei auf seinem Platz sitzen. Wer einen anderen Antrag stellte, mußte sich von seinem Platz erheben. Cicero übte also mit Rücksicht auf den Bruder des Metellus in der Senatsdebatte größte Zurückhaltung. — **sentire:** seine Meinung sagen, abstimmen. — **senati** = altertümliche Genitivform für senatūs. — **sublevare:** unterstützen. Der Antrag, Nepos seines Amtes zu entheben, wurde von Cato abgelehnt, wobei Cicero ihn unterstützte.

10. In dem zusammenfassenden Schlußwort werden die gegensätzlichen Auffassungen noch einmal deutlich hervorgehoben. Die antithetischen Ausdrücke oppugnavi — repugnavi, mobilis — stabilis und desertus — permanerem unterstreichen noch einmal Ciceros Standpunkt und sollen zugleich die Vorwürfe des Metellus zurückweisen. — **repugnare:** Widerstand leisten. — **animus mobilis:** unzuverlässiger Charakter. Cicero greift hier den Vorwurf der Unzuverlässigkeit, den Metellus ihm gemacht hat, auf, um ihn zu widerlegen. — **desertus:** Bezieht sich auf die in § 2 genannte Unfreundlichkeit des Metellus. — **minitari** (Intens. von minari): drohen. Cicero nimmt durch Hinzufügung von paene dem Ausdruck seine Schärfe. — **dolor:** Empfindlichkeit, Verstimmung. — **a tuis:** vgl. zu § 1 zu propinqui. — **statuere:** glauben. Vor ut ist aus dem vorhergehenden Satz a te peto zu ergänzen. — **citius** (adv.): eher. — **benevolentia:** freundschaftliche Gesinnung. Die Begriffe voluntas am Anfang und benevolentia (als Ggs. zu odium) am Ende des Satzes betonen Ciceros Bemühen, eine Verständigung zu erreichen. Durch Steigerung im Ausdruck (amicus — amicissimus, maneo in voluntate — permanebo und durch die antithetischen Begriffe amore tui — illius odio) erreicht Cicero einen wirkungsvollen Abschluß des Briefes.

5. Cicero sucht die Zusammenarbeit mit Pompeius (fam. 5,7)

Der Brief fam. 5,7 — vom April des Jahres 62 — ist an Cn. Pompeius Magnus gerichtet.
Cn. Pompeius (106—48) kämpfte zunächst auf der Seite Sullas, dessen Gegner er in Sizilien (81/80) und Afrika (76—72) endgültig besiegte. Der Senat übergab ihm das außerordentliche Kommando gegen die Seeräuber, im Mittelmeerraum (67) und gegen Mithridates (66—63). Die großen Erfolge des Pompeius

ließen bei der Senatspartei die Befürchtung aufkommen, er strebe nach der Alleinherrschaft. In einem offiziellen Brief an den Senat kündigte Pompeius den inneren Frieden an, während er gleichzeitig in einem privaten Brief Ciceros ausführlichen Bericht über die Catilinarische Verschwörung beantwortete. In diesen Briefen vermißte Cicero die Anerkennung seiner Leistungen und drückt daher in epist. 5,7 seine Enttäuschung darüber deutlich aus. Zugleich aber versucht er, die Gründe für das Verhalten des Pompeius aufzuzeigen. An mehreren Stellen des Briefes wird aber auch Ciceros Bemühen sichtbar, mit Pompeius zusammenzuarbeiten (vgl. § 2: adiungere; conciliare; coniungere; § 3: adiungere) und seine Freundschaft zu gewinnen (vgl. § 2: voluntas — officia — studia; § 3; necessitudo — amicitia); denn Cicero braucht die Unterstützung des Pompeius, da er sich wegen seiner Amtsführung mehr und mehr den Angriffen seiner politischen Feinde ausgesetzt sieht.

Entsprechend der Intention des Briefes ist der Ton — trotz einer gewissen Kritik — höflich und diplomatisch (vgl. § 2: facillime patior; § 3: facile).

1. S.t.e.q.v.b.e.: Abkürzung für Si tu exercitusque valetis, bene est (vgl. zu Brief 4,1). — **publice:** amtlich. Pompeius teilte in einem offiziellen Brief an den Senat (Anfang November 63) den Tod des Mithridates und das Ende des dritten Mithridatischen Krieges mit. Darauf beantragte Cicero für den siegreichen Pompeius ein zehntägiges Dankfest. Kurz darauf — am 5. Dezember 63 — berichtete Cicero dem Pompeius ausführlich über die erfolgreiche Bekämpfung der Catilinarier und die Rettung des Staates. Sowohl in dem amtlichen Bericht an den Senat als auch in einem privaten Brief an Cicero, der sehr kurz und kühl ausgefallen war, fehlte die Anerkennung der ciceronischen Verdienste, so daß Ciceros Enttäuschung nicht gering war. — **otium:** innerer Friede. Pompeius verzichtete auf eine gewaltsame Machtergreifung, während die Popularen nach der Rückkehr des siegreichen Feldherrn Pompeius einen Bürgerkrieg erwarteten. — **veteres hostes, novos amicos:** Hierunter sind Cäsar und die Popularen zu verstehen, deren Gegner Pompeius zunächst war. Seit seinem Konsulat im Jahre 70, in dem er das Volkstribunat wiederherstellte, hatte er sich der Volkspartei angeschlossen, der er dann das Kommando im Seeräuberkrieg und im Mithridatischen Krieg zu verdanken hatte. — **percellere, -culi, -culsum:** erschüttern. — **deturbare:** berauben. — **iacēre:** am Boden liegen, niedergedrückt sein. Die Volkspartei war enttäuscht, daß Pompeius bei seiner Ankunft in Italien seine Truppen entlassen wollte, anstatt an der Spitze des Heeres die Macht an sich zu reißen. Aus seinem offiziellen Schreiben an den Senat geht hervor, daß sich Pompeius offenbar wieder der Senatspartei genähert hat. —

2. ad me steht betont am Anfang als Gegensatz zu publice. — **significatio:** Andeutung, Zeichen. — **exiguus:** klein, schwach. — **voluntas:** Zuneigung, Wohlwollen. — **officium:** Dienst, Leistung, Gefälligkeit. Cicero erreichte durch seine Rede „de imperio Cn. Pompei", die er im Jahre 66 im Senat hielt, daß Pompeius den Oberbefehl im Mithridatischen Krieg erhielt. — **mutue:** wechselseitig. — **respondēre:** entsprechen. — **facillime pati:** es sich gern gefallen lassen. — **apud me plus officii residet:** auf meiner Seite (meinem Konto) verbleibt ein Mehr (ein Guthaben) an erwiesener Gefälligkeit. — **studia:** Bemühungen. Bezieht sich auf Ciceros Antrag im Senat, dem siegreichen Pompeius ein zwölftägiges Dankfest zu bewilligen. — **adiungere:** verbinden, verpflichten. — **se conciliare:** sich verbinden, sich befreunden. Cicero meint, die gemeinsame Tätigkeit für den Staat werde ihn dem Pompeius näherbringen. —

3. desiderare: vermissen. — **in tuis litteris:** Gemeint ist der Brief an den Senat. — **aperte:** offen, aufrichtig. — **res eas:** Bezieht sich auf die Unterdrückung der Catilinarischen Verschwörung. — **necessitudo:** enge Verbindung, Freundschaft. — **praetermittere:** unterlassen. — **vererere** = verereris. Durch den Konjunktiv wirkt die Aussage höflicher. — **offendere:** Anstoß erregen. Der Ausdruck **ne cuius offenderes** ist bewußt unbestimmt gehalten, um zu zeigen, daß Pompeius sich nach allen Seiten offenhalten wollte. Infolge seiner mehrjährigen Abwesenheit von Rom mußte er erst die politische Lage erkunden. So unterließ er die gratulatio im Senat, die für Cicero eine starke Hilfe bedeutet hätte. — **comprobari:** Beifall, Anerkennung finden. — **cum veneris** (sc. Romam). — **consilium:** Überlegung. — **magnitudo animi:** großer Mut, Entschlossenheit. — **facile** gehört zu patiaris. — **quam Laelium** = quam Laelius fuit. — **adiungi:** sich anschließen, sich verbinden. — **Africanus:** Cicero vergleicht Pompeius mit dem berühmten Feldherrn Scipio Africanus minor, sich selbst mit dessen Freund und Berater Laelius, den er in seinem Werk „Laelius de amicitia" ausführlich darstellt. Cicero vertritt hier die Meinung, daß sie gemeinsam als principes den Staat leiten könnten wie einst Scipio und Laelius.

6. Cicero als Zeuge im Clodiusprozeß (Att. 1,16,1-8)

Die rednerische Tätigkeit nahm in Ciceros Leben einen breiten Raum ein. Erhalten sind 58 Reden, unter denen sich 28 Staatsreden (20 hielt er vor dem Senat, 8 vor dem Volk) befinden, während 4 Reden in Privatprozessen und 25 Reden in Kriminalprozessen gehalten wurden, von denen viele einen politischen Hintergrund haben.

Der Brief Att. 1,16 — vom Anfang Juli 62 — berichtet vom Clodiusprozeß, der seine Ursache in einem gesellschaftlichen Skandal hatte. Im Dezember des Jahres 62 feierten die vornehmen Frauen Roms im Hause des damaligen Prätors Cäsar das Fest der Bona Dea, zu welchem kein Mann Zutritt hatte. Clodius Pulcher, der mit Cäsars Frau Pompeia ein Verhältnis hatte, schlich sich, als Saitenspielerin verkleidet, dort ein und wurde entdeckt. Der Senat beschloß, einen außerordentlichen Gerichtshof einzusetzen, in dem der vorsitzende Prätor die Richter ernennen sollte. Dazu mußte die Genehmigung des Volkes eingeholt werden. Die Sache endete schließlich mit einer Niederlage des Senates, denn auf Antrag des Volkstribunen Fufius Calenus, der im Auftrag des Konsuls Piso handelte, beschloß man, die Richter weiter durch das Los zu bestimmen. Nach dieser für Clodius günstigen Wendung endete der Prozeß mit einem Freispruch (31 : 25 Stimmen), wobei ein Teil der Richter von Crassus bestochen war. Cicero trat in diesem Prozeß als Hauptbelastungszeuge auf. Er wandte sich gegen die Behauptung des Clodius, er habe sich an dem betreffenden Tag nicht in Rom aufgehalten und sagte aus, Clodius habe ihn an diesem Tag in seinem Hause besucht.

1. iudicium: der Prozeß (des Clodius). — **proeliari:** kämpfen, fechten. Nicht selten überträgt Cicero aus dem Bereich des Gladiators und Fechters Ausdrücke auf seine rednerische Tätigkeit vor Gericht. — ὕστερον πρότερον Ὁμηρικῶς: nach Art Homers in der umgekehrten Reihenfolge. Cicero hält sich nicht an die chronologische Folge der Ereignisse, sondern nimmt nach dem Beispiel Homers den zweiten Punkt vorweg. — **acriter et vehementer:** energisch und heftig. Diese Synonymenverbindung dient bei Cicero häufig zur Charakterisierung des Redners bzw. seiner Redeweise. — **clamor:** Beifall. — **in re publica:** in der Politik. — **ille:** Clodius. — **contio:** Volksversammlung, Rede in der Volksversammlung. — **invidia:** üble Nachrede, Anfeindung. — **quas ego pugnas et quantas strages edidi:** was für Schlachten habe ich geliefert und was für

Niederlagen angerichtet! Bei diesem Ausruf handelt es sich wohl um ein Dichterzitat. Das Verbum **edere** ist hier zeugmatisch gebraucht. — **Piso:** Er war Konsul des Jahres 61 und setzte sich für Clodius ein. Piso suchte in der Volksversammlung das Gesetz über Religionsfrevel und den Senatsbeschluß, der das Vergehen des Clodius als solches klassifiziert hatte, zu Fall zu bringen. — **Curio:** Er verteidigte Clodius vor Gericht. — **manus** (im pejorativen Sinne): Bande. — **levitas:** Charakterlosigkeit. — **levitatem senum, libidinem iuventutis:** Asyndetische Zusammenstellung zweier Begriffe in Form einer alliterierenden Wendung. — **insectari:** zusetzen. — **di iuvent:** Die Häufung der Ausrufe ist ein Ausdruck der affektgeladenen Umgangssprache und gibt die seelische Stimmung Ciceros wieder.

2. **Hortensius:** Konsul des Jahres 69, zusammen mit Cicero berühmtester Redner seiner Zeit. — **religio:** Religionsfrevel. — **Q. Fufius Calenus:** Er war Volkstribun des Jahres 61 und stand auf der Seite des Clodius. Er stellte den Antrag, daß die Zusammenstellung des Gerichtshofes durch das Los erfolgen solle, während nach dem strengeren Antrag des Senates der Prätor die Richter ernennen sollte. — **rogatio:** Gesetzesantrag, Antrag. — **in eo autem erant omnia:** darauf aber kam alles an. — **nullis illum iudicibus effugere posse:** bei keinem Richter könne er der Verurteilung entfliehen. — **contrahere vela:** die Segel einziehen. Metapher aus dem Bereich der Seefahrt. Cicero will zum Ausdruck bringen, daß er gleichsam die Segel seiner Rede einzieht, d. h. keine große Rede hält, sondern infolge der Unzuverlässigkeit des Gerichtshofes sich damit begnügt, als Zeuge nur das auszusagen, was auch sonst schon bekannt war (vgl. Horaz, c. 2,10,2: sapienter idem | contrahes vento nimium secundo | turgida vela). — **inopia:** Armut, Hilflosigkeit. — **pro testimonio:** als Zeuge. — **testatus:** klar, augenscheinlich. — **absolutionis:** Clodius wurde mit 31 : 25 Stimmen freigesprochen, da ein großer Teil der Richter von Crassus bestochen war. — **ut πρὸς τὸ πρότερον revertar:** um auf deine erste Frage zurückzukommen. — **in infamia ac sordibus relinquere:** im Ruf einer schmutzigen Schandtat zurücklassen, in Schimpf und Schande zurücklassen. **Infamia** bezeichnet — als Gegensatz zu fama — den schlechten Ruf eines Menschen, die ungünstige Einschätzung in der öffentlichen Meinung, die in seinem moralisch schlechten Verhalten begründet ist (vgl. Kaser, M.: Infamia und ignominia in den römischen Rechtsquellen, ZRG 73, 1965, 230 ff.). — **infirmus:** unzuverlässig. — **plumbeo gladio:** mit

einem Schwert aus Blei (d. h. mit einer stumpfen Waffe). Sprichwörtliche Redensart. — **iugulare**: erdolchen, töten, vernichten. Das Wort entstammt dem niederen Sprachgebrauch und bezeichnet hier im metaphorischen Sinne die Vernichtung der Existenz durch die gerichtliche Verurteilung.

3. exitu sc. fuit. — **consilium**: Der Plan des Hortensius, dem Fufius den Gesetzesantrag zu überlassen, stellte sich später als großer Fehler heraus. Denn dadurch, daß die Bestimmungen über die Bestellung der Geschworenen geändert worden waren, wurde erst der Freispruch des Clodius begünstigt. — **reiectio**: die Ablehnung. Beide Parteien hatten die Möglichkeit, eine bestimmte Anzahl von Richtern abzulehnen. Die Geschworenengerichte bestanden zu gleichen Teilen aus Senatoren, Rittern und Ärartribunen. — **lanista**: Fechtmeister, Gladiatorenmeister. Die lanistae vermieteten ihre Gladiatoren zu Gladiatorenspielen, wobei sie ihre besten Fechter schonten. — **accusator**: L. Cornelius Lentulus Crus. — **frugalis**: ordentlich, brav. — **considere**: eine Sitzung abhalten. — **ludi talarii**: Darunter sind musikalische und tänzerische Darbietungen zu verstehen, wodurch das einfache Volk unterhalten wurde. Die Künstler traten dabei in langen bis an die Knöchel (talus) reichenden Gewändern auf. — **consessus**: Versammlung. — **maculosus**: (macula) befeckt, berüchtigt. — **nudus**: arm, mittellos. — **aerarii . . . aerati**: Die dritte Gruppe der Geschworenen, die Ärartribunen, waren Vorsteher einer Tribus und hatten die Aufgabe, den Soldaten den Sold auszuzahlen. Cicero verwendet hier ein Wortspiel und meint, es passe besser der Name **aerati** (= mit Geld versehen, bestechlich) zu ihnen als **aerarii**. — **contagio** (tangere): Berührung, Ansteckung. Metapher aus dem Bereich der Medizin.

4. hic: und doch. — **postulationes**: Hierunter sind die Forderungen zu verstehen, welche die Parteien hinsichtlich der Beweisaufnahme stellten. — **res ad consilium refertur**: es kommt zur Beratung. — **quid quaeris** (umgangssprachliche Formel): du kannst dir denken, natürlich. — **miliens** (rhetorische Übertreibung): tausendfach. Das Oxymoron **reum . . . miliens condemnatum** soll den Widerspruch kennzeichnen, daß der Angeklagte vor dem eigentlichen Urteilsspruch schon gleichsam tausendfach verurteilt sei. Der Angeklagte ist also, was das Verfahren vor Gericht betrifft, in der Meinung der Geschworenen schon schuldig gesprochen. — **credo te . . . audivisse**: Rhetorische Übertreibung. — **acclamatio**: der Zuruf (als Äußerung des Mißfallens). — **advocatus** (advocare): Zur Zeit der Republik verstand man unter advocati die Bekannten und Freunde des Angeklagten, die diesem vor Gericht beistanden. Cicero spricht Q. fr. 2,3,2 von operae Clodianae, den gekauften Helfershelfern des Clodius, die die Gerichtsverhandlung durch ihren Lärm stören. — **consurrectio:** das Sich-Erheben, das Aufstehen. Umschreibungen des Verbums durch facere mit einem Verbalsubstantiv sind in der Umgangssprache häufig. In der gewählteren Sprache findet sich oft die Umschreibung mit fieri. **iugulum:** Kehle, Hals. — **tui cives:** Atticus hatte sich lange Zeit in Athen aufgehalten, so daß die Athener ihm das Bürgerrecht geben wollten. — **Xenocrates:** Er war ein Schüler des Plato und Leiter der Akademie. Als er eines Tages in Athen als Zeuge auftreten mußte und, wie es in Griechenland üblich war, zum Altar trat, um den Eid abzulegen, riefen ihn alle Richter einstimmig zurück (vgl. Cic. Balb. 12). — **tabulae:** Rechnungsbücher. — **Caecilius Metellus Numidicus:** Er war Konsul im Jahre 109 und führte den Krieg gegen Jugurtha erfolgreich. Die Anhänger des Marius hatten ihn während des Jugurthinischen Krieges verdächtigt, Staatsgelder veruntreut zu haben. Die Anekdote, die Cicero hier erwähnt, bezieht sich auf den Repetundenprozeß, in dem sich Metellus zu verantworten hatte. Sie findet sich ausführlicher Balb. 11.

5. frangere: brechen, zusammenbrechen. — **Areopagitae:** Die Mitglieder des athenischen Gerichtshofes (Areopagus), die Areopagitae, galten als äußerst unparteiisch. Cicero verwendet den Begriff hier ironisch für die Richter des Clodius. — **clamare:** Inf. historicus. — **consilium:** Gerichtshof. — **gravissime ornatissimeque:** sehr würdevoll und glänzend. — **Ἔσπετε . . .:** Das griechische Zitat stammt aus Il. 16, 112. Die Übersetzung lautet: „Kündet mir jetzt, ihr Musen, wie zuerst das Feuer fiel..." — **Calvus** (= der Kahle): Pseudonym für M. Licinius Crassus, der sich zur Zeit des Sulla an den Gütern der Proskribierten bereichert hatte. Zu diesen gehörten auch die Nannei, deren Güter er sehr billig erstanden hatte. Den Kaufkontrakt hatte er mit dem Namen L. Calvus unterzeichnet. — **conficere totum negotium:** das ganze Geschäft abschließen. — **arcessivit** sc. iudices. — **promisit** sc. pecuniam. — **intercedere:** sich verbürgen (für die Zahlung des Geldes). — **dedit** sc. pecuniam. — **introductio:** das Zuführen. — **cumulus:** Gipfel, Höhepunkt. — **discessus:** Trennung, Entfernung. — **boni** (in moralischer Hinsicht): die anständigen Richter. — **fames** — **fama:** Paronomasie. — **Catulus:** Konsul 78, Anführer der Optimaten.

6. habes (Häufig am Schluß einer zusammenfassenden Darstellung): da hast du nun. — **potui** sc. exponere. — **divino**: Cicero führt die Rettung des Staates in seinem Konsulatsjahr auf das Einwirken der Götter zurück. Vgl. Cat. 3,18: Quamquam haec omnia ... ita sunt a me administrata, ut deorum immortalium nutu atque consilio et gesta et provisa esse videantur. — **fixus et fundatus**: gesichert und fest gegründet. Sinnverwandte Begriffe werden in der Umgangssprache oft durch Alliteration verbunden. Cicero wollte den Staat vor Umsturzversuchen sichern, indem er die Autorität des Senates stärkte und ein gutes Verhältnis zwischen Senatoren- und Ritterstand herzustellen suchte (concordia ordinum). — **nummulus** (nummus): Deminutiva sind in der Umgangssprache sehr beliebt. Sie drücken häufig Affekte aus (Liebe, Mitleid, Verachtung). — **ius et fas**: menschliches und göttliches Recht. — **homines . . . pecudes**: Sprichwörtlicher Ausdruck. — **Thalna, Plautus, Spongia**: Richter, die den Clodius freisprachen. — **quisquiliae**: Abschaum, Gesindel.

7. exultare: frohlocken, jubeln. — **improbitas**: Der abstrakte Ausdruck steht für improbi. — **alacer**: schadenfroh. — **nequitia**: Liederlichkeit. — **poenas** (ποινή = Sühnegeld) **petere**: bestrafen. — **dolor**: Ärger. — **inurere**: aufbrennen, zufügen.

8. insolenter: übertrieben. — **confirmans, excitans**: Zweigliedriges Asyndeton. Cicero spricht den niedergeschlagenen Optimaten Mut zu (confirmans) und treibt die Mutlosen wieder an (excitans). — **exagitare**: nicht zur Ruhe kommen lassen. — **nummarius**: mit Geld bestochen. — **omnem omnibus**: Polyptoton: Adjektivische Wortparataxen mit **omnis** (und multus) sind bei Cicero häufig. — **παρρησίαν eripui**: ich habe ihnen ihr lockeres Maul gestopft. — **M. Pupius Piso Calpurnianus**: Konsul des Jahres 61. Er stand auf der Seite des Clodius.— **consistere**: festen Fuß fassen. — **abiectus**: niedergebeugt, entmutigt. — **praesens**: persönlich. — **frangere**: zerschmettern. — **oratione**: Cicero hat seine Rede „in P. Clodium et C. Curionem" später herausgegeben. Es sind nur noch einige Fragmente erhalten. — **altercatio**: Wortstreit, Wortgefecht. — **venustas**: Vergnügen, Reiz. — **studium contentionis**: Streitlust. — **ἀγῶνα** (Akk.): Agon (Wettkampf). Die §§ 9—10 geben das Wortgefecht zwischen Cicero und Clodius wieder, durch das Cicero infolge seiner Schlagfertigkeit Clodius zum Schweigen brachte (Magnis clamoribus adflictus conticuit et concidit).

7. Ciceros Besorgnis über die politische Lage im Jahre 60 (Att. 1,18)

Der Brief Att. 1,18 — am 22. Januar des Jahres 60 verfaßt — zeigt Cicero in einer gedrückten Stimmung. Er fühlt sich einsam und sehnt sich nach einer Aussprache mit Atticus.

Neben den häuslichen Sorgen bedrückt Cicero die Lage des Staates, für dessen Niedergang der Clodiusprozeß ein Symptom ist.

1. eum = talem. — **una** (adv.): zusammen. — **communicare:** gemeinsam beraten, mitteilen, besprechen. — **sapere** (sapiens): Verständnis haben. — **quicum** = arch. für quocum. — **nihil fingam, nihil dissimulem, nihil obtegam** (Anapher, Asyndeton, Klimax): Die Häufung rhetorischer Stilmittel im ersten Abschnitt unterstreicht Ciceros gedrückte Stimmung und betont seinen Wunsch, Hilfe und Rat bei seinem Freunde Atticus zu finden. — **obtegere:** verbergen. — **frater:** Ciceros Bruder Quintus verwaltete im Jahre 60 die Provinz Asia. — **ἀφελέστατος:** der aufrichtigste. — **Metellus:** Konsul des Jahres 60. Da Quintus und Atticus von Rom fern sind, fühlt sich Cicero vereinsamt. Metellus aber kommt seinem Bedürfnis nach Aussprache in keiner Weise nach, so daß Cicero — übertreibend — von ihm sagt, er sei kein Mensch, sondern „Gestade, Luft und nichts als Einsamkeit". — **merus:** lauter, weiter nichts als. Das Zitat entstammt einer unbekannten Tragödie. — **angor:** Angst, Unruhe. — **levare** (levis): erleichtern. — **socius:** Teilnehmer, Gefährte. Das Wort socius betont die gemeinsame politische Auffassung von Atticus und Cicero. — **conscius:** Mitwisser, Vertrauter. — **destituere:** verlassen. — **quantum** sc. temporis. — **uxor:** Ciceros Frau Terentia. — **filiola:** Deminutivum von filia. Ciceros einzige Tochter Tullia (76—45) vermählte sich 64 mit C. Calpurnius Piso, der im Jahre 57 starb. 56 heiratete sie den Patrizier Furius Crassipes. Die Ehe wurde nach fünf Jahren wieder geschieden. Auch ihre dritte Ehe, die sie 51 mit C. Cornelius Dolabella schloß, bestand nicht lange. Sie wurde im Jahre 45 geschieden. — **mellitus** (mel-Honig): süß. Ciceros Sohn Marcus war bei Abfassung dieses Briefes etwa fünf Jahre alt. — **ambitiosus:** ehrgeizig, auf Gunst und Beifall berechnet. — **fucosus** (fucus-Schminke): geschminkt, unecht. Gemeint sind politische Freundschaften, die des Vorteils wegen geschlossen wurden (vgl. Brief 2,1). — **in splendore forensi esse:** in öffentlichem Glanze sein, öffentliches Ansehen bringen. — **domesticus:** was zum Haus gehört, häuslich, privat. Hinweis auf Ciceros häusliche Schwierigkeiten, die einerseits die Eifersucht seiner Frau Terentia, andererseits das gespannte Verhältnis seines Bruders Quintus zu seiner Frau Pomponia, der Schwester des Atticus, betrafen. — **bene**: Das Qualitätsadjektiv bene dient in der Umgangssprache häufig der Steigerung. — **bene completus** vertritt den Superlativ. — **matutinus**: morgendlich. Klienten und Freunde kamen schon am frühen Morgen, um ihre Aufwartung (salutatio) zu machen und Cicero zum Forum zu geleiten. — **grex, gregis**: Herde, Schar. — **descendere**: Ciceros Haus lag auf dem Palatin. — **iocari**: scherzen. — **suspirare**: tief Atem holen, sich aussprechen. — **arcessere**: herbeiholen. — **qua re . . . arcessimus**: Anapher, Asyndeton und Klimax betonen in diesem Satz, wie notwendig das Kommen des Atticus ist. — **angere** (angor): beunruhigen, quälen. Die Sorgen beziehen sich auf die vorher erwähnten häuslichen Schwierigkeiten. — **mihi videor**: ich glaube. — **aures nancisci**: Gehör finden. — **ambulatio** (ambulare): Spaziergang. — **exhaurire**: ausschöpfen, überstehen.

2. **aculeus**: Stachel. — **scrupulus**: Unruhe, Zweifel. — **tabellarius** Briefbote. — **occultabo**: Zu beachten ist der Numeruswechsel in den §§ 1 und 2. Fühlt Cicero sich einsam und denkt er über seine Empfindungen nach, so spricht er in der ersten Person Singular. Inmitten seiner Freunde ändert sich seine seelische Verfassung und der Wechsel der Stimmung kommt auch sprachlich im Wechsel des Numerus zum Ausdruck. — **permolestus**: Das steigernde per bei Adjektiven gehört der familiären Sprache an. — **insidēre**: sitzen, haften. — **amans** = amicus. — **requiescere**: zur Ruhe kommen. — **in re publica**: Antithese zu domesticae sollicitudines. — **animus**: Lebenskraft, Leben. — **etiam atque etiam**: immer wieder. — **efficere**: hervorrufen. — **vulnus**: Cicero vergleicht den Staat mit einem menschlichen Organismus, der von einer Krankheit befallen ist. — **discessus** (discedere): Weggang. — **colligere**: aufzählen, zusammenfassen. — **res Romanae**: der römische Staat. — **stare**: Bestand haben. Anklang an den Enniusvers in rep. 5,1: ,,moribus antiquis res stat Romana virisque." Cicero ist davon überzeugt, daß Roms Macht auf den moralischen Qualitäten der maiores beruht. Er sieht in dem Clodiusprozeß ein Symptom für den Niedergang des Staates, für einen Zerfall von Sitte und Sittlichkeit. — **profectio** (proficisci): Abreise. — **introitus**: Auftritt. — **fabula**: Schauspiel. — **Clodius**: Der Patrizier P. Clodius Pulcher, der wegen seines üblen Lebenswandels in

einem schlechten Rufe stand, war als Saitenspielerin verkleidet beim Fest der Bona Dea, zu dem nur Frauen Zutritt hatten, eingedrungen. Er wurde entdeckt und vor Gericht gestellt. Der Prozeß endete im Jahre 61 mit einem Freispruch, der durch die Bestechung einiger Richter zustande kam. — **resecare:** wegschneiden. Als Terminus der Landwirtschaft bezeichnet dieses Verbum ursprünglich das Beschneiden von Reben und Bäumen und das Abschneiden unnützer Zweige und Äste. Aus dem Bereich der Landwirtschaft geht es in die Medizin über, wo es von kranken Teilen des Körpers gebraucht wird, die amputiert werden. Die metaphorische Verwendung von resecare bedeutet, daß Cicero den Clodius gleichsam für einen kranken Teil des Staates hält (vgl. Cic. Cat. 2,11: quae sanari poterunt ... sanabo, quae resecanda erunt, non patiar ... manere). — **locus:** Gelegenheit. — **libido:** zügellose Begierde (nach Macht). — **vehemens fui:** Cicero war im Clodiusprozeß als Zeuge aufgetreten und hatte sich im Verlauf des Prozesses sehr engagiert gegen Clodius eingesetzt, allerdings ohne Erfolg. — **profundere:** aufopfern, aufwenden.

3. adfligere: zu Boden schlagen, übel zurichten. — **constuprare** (stuprum): Unzucht treiben, bestechen. Die Richter handeln unsittlich, da sie sich zum Teil durch den reichen Crassus bestechen ließen. — **consul:** L. Afranius, Konsul des Jahres 60, Legat des Pompeius in Spanien (75—72). — **imponere:** aufbürden. — **suspiritus:** Seufzer. — **vulnus:** Cicero bleibt weiter im Bild vom kranken Staat. — **ambitus:** Amtserschleichung (durch Bestechung). — **iudicia:** Geschworenengerichte. Die Senatsbeschlüsse, die die Bestechlichkeit der Gerichtshöfe einschränken sollten, gingen nicht durch und führten zu Unstimmigkeiten zwischen Rittern und Senat, so daß die concordia ordinum (Zusammenhalt von Senatoren- und Ritterstand), um die Cicero sich sehr bemühte, gefährdet war. — **legem perferre:** ein Gesetz durchsetzen. — **exagitare:** beunruhigen. — **alienare** (alienus): entfremden. — **ille annus:** 61. — **firmamentum:** Stütze. — **abicere:** aufgeben. — **disiungere:** entfernen. — **hic ... annus egregius:** das Jahr 60. Ironische Anspielung auf den Konsul Afranius, einen Anhänger des Pompeius. Auch sonst äußert sich Cicero über Afranius negativ. — **anniversaria sacra Iuventatis:** Die jährlichen Opfer für die Göttin Iuventas (griech. Hebe) lagen in den Händen der Luculli. Wegen des Ehebruchs der Frau des M. Lucullus mit Memmius und der Ehescheidung konnten die Opfer im Jahre 60 nicht stattfinden.

— **initiare** (initium): einweihen (in einen religiösen Geheimkult). — **C. Memmius:** Prätor des Jahres 58. Wurde im Jahre 53 wegen Bestechung verurteilt und mußte nach Athen in die Verbannung gehen. — **Menelaus:** König von Sparta, dessen Gattin Helena von Paris entführt wurde. Diese Entführung löste den Trojanischen Krieg aus. Der Name Menelaus steht hier scherzhaft für M. Lucullus, dessen Frau von Memmius verführt wurde. — **divortium:** Ehescheidung. — **pastor Idaeus:** Paris, der Sohn des trojanischen Königs Priamus, war nach seiner Geburt ausgesetzt und auf dem Berge Ida unter Hirten erzogen worden. — **Agamemnon:** König von Mykene, Bruder des Menelaus und oberster Feldherr der Griechen vor Troja. Mit ihm vergleicht Cicero den Bruder des M. Lucullus, L. Lucullus, dem man nach seinen Siegen gegen Mithridates den Triumph verweigerte. — **liberum non putare:** nicht für einen Freien ansehen.

4. **tribulis:** Angehöriger einer Tribus. Tribus waren die Bezirke, nach denen sich die Volksversammlungen gliederten (comitia tributa). — **nummos dividere:** Wahlgelder auszahlen. Der Vater des Volkstribunen C. Herennius, Sextus Herennius, war Divisor des Kandidaten und mußte in dessen Auftrag nach der Wahl die versprochenen Wahlgelder auszahlen, eine Tätigkeit, die als ungesetzlich galt. — **ad plebem traducit:** er versuchte in die Plebs zu überführen. Der Volkstribun C. Herennius versuchte P. Clodius, den Todfeind Ciceros, zu adoptieren, ihn so zum Plebejer zu machen und ihm auf diese Weise die Bewerbung um das Volkstribunat zu ermöglichen. Das gelang ihm allerdings nicht sofort. — **ferre** (sc. legem): einen Gesetzesantrag stellen. — **in Campo Martio:** Über die Adoption sollte nach der Vorstellung des Clodius auf dem Marsfeld in den Zenturiatkomitien und nicht, wie sonst üblich, in den Kuriatskomitien abgestimmt werden. — **suffragium ferre:** abstimmen. — **hunc** = Herennium. — **accipere:** Ironisch gebraucht wie häufig in der römischen Komödie. — **lentus:** zäh, unempfindlich.

5. **amare:** schätzen. — **dicis** (= Gen.) **causa:** nur der Form halber. Clodius war sein Schwager. — **habet promulgare** = promulgare: öffentlich anschlagen, einen Antrag öffentlich bekanntmachen. — **Auli filius:** der Konsul L. Afranius. — **ignavus . . . miles:** Anspielung auf seine militärische Laufbahn. Hier in übertragenem Sinne gebraucht für die schlechte Führung seines Konsulats. — **M. Lollius Palicanus:** Senator, Volkstribun im Jahre 71. — **os praebere ad male audiendum:** sich verspotten lassen.

6. agraria (sc. lex): Pompeius gab dem Volkstribunen L. Flavius den Auftrag, ein Ackergesetz einzubringen, das die Landzuweisungen seiner Veteranen regeln sollte. — **Flavius:** Volkstribun des Jahres 60, Prätor 58. Als der Konsul Metellus, der mit Pompeius verfeindet war, gegen das Ackergesetz heftigen Widerstand leistete, ließ ihn Flavius ins Gefängnis werfen. Doch dieser lud den Senat zu einer Sitzung dorthin. Durch die Interzession der anderen Tribunen wurde die peinliche Angelegenheit schließlich beendet. — **sane levis:** recht unbedeutend. — **Plotia** (sc. lex): Über dieses Gesetz ist nichts Näheres bekannt. — πολιτικὸς ἀνὴρ οὐδ' ὄναρ: ein Staatsmann nicht einmal im Traum. — **qui poterat** sc. inveniri. — **togula picta:** Der Triumphator trug eine bestickte (picta) Toga. Das Deminutivum (togula) drückt Ciceros Geringschätzung über den unbedeutenden Triumph des Pompeius im Jahre 61 aus. — **Crassus:** M. Licinius Crassus Dives, Konsul 70 und 55, Censor 65), bereicherte sich bei den Proscriptionen Sullas und wurde zum reichsten Mann Roms. Im Jahre 60 schloß er mit Cäsar und Pompeius das erste Triumvirat. 53 fiel er bei Carrhae während des Partherkrieges. — **verbum nullum** sc. facit. — **gratia:** Gunst. Crassus hielt sich mit seinen Reden im Senat zurück, um bei den einflußreichen Senatoren keinen Anstoß zu erregen. — **ceteri:** Reiche Leute aus dem Adel, die mit ihren Privatinteressen beschäftigt sind und sich nicht um den Staat kümmern. Zu diesem rechnet Cicero auch den Feldherrn Lucullus, der nach seiner Rückkehr aus dem Mithridatischen Krieg sich enttäuscht von der Politik zurückzog und sich mit seinen Fischteichen beschäftigte. — **nosti** = novisti. — **salvus:** heil, unversehrt. — **piscina:** Fischteich.

7. curare: sich um etwas kümmern. — **M. Porcius Cato,** Urenkel des Cato Censorius, war von der stoischen Philosophie geprägt und zeichnete sich durch Strenge und Unbestechlichkeit aus. — **publicanus:** Die Zensoren verpachteten die Eintreibung der Steuern an Finanzgesellschaften (societates) oder Steuerpächter (publicani) auf dem Wege der Versteigerung. Die publicani stammten aus dem Ritterstand und wurden bald durch ihren Reichtum sehr mächtig. Die Beträge, um die es in der Provinz Asia ging, waren sehr hoch, und so kam es, daß die Steuerpächter sich verkalkulierten. Sie stellten daher den Antrag, die Höhe der Pachtsumme festzusetzen. — **vexare:** zusetzen. — **legationes:** Im Februar empfing der Senat gewöhnlich Gesandtschaften aus fremden Ländern. Durch Catos kompromißlose Haltung den Steuerpächtern gegenüber verzögerte sich der Empfang der Gesandtschaften.

8. iactare (Intens. von iacere): hin- und herwerfen, schütteln. — **fluctibus iactemur:** Metapher vom Staatsschiff, das in den politischen Stürmen und Unruhen hin- und hergeworfen wird. Diese Metapher findet sich bei dem griechischen Lyriker Alkaios (600 v. Chr.) zum erstenmal; sie ist in der lateinischen Literatur — besonders bei Cicero — sehr verbreitet (vgl. Cic. Sest. 46; Planc. 11; rep. 1,11; Hor. c. 1,14). Cicero fühlt im Januar 60 die drohende Gefährdung des Staatsschiffes und äußert als Mitbetroffener deutlich seine Sorge. — **tanta:** so groß, so ausführlich. — **perspicere:** deutlich sehen, durchschauen. — **revisere:** besuchen. — **aliquando:** endlich einmal. — **quo** = ad quae. — **vel:** sogar. — **molestiae:** Beschwerden, Unannehmlichkeiten. — **cum:** modal. — **ne absens censearis:** Den Zensoren oblag die Einschätzung des Vermögens (census). Während ursprünglich dabei die Anwesenheit des Bürgers vorgeschrieben war, konnte später die Einschätzung auch in Abwesenheit vorgenommen werden. Allerdings war dann ein Einspruch nicht mehr möglich. Da die Abwesenheit begründet werden mußte, will Cicero an den Besitzungen des Atticus durch Bekanntmachung (edicere) und Anschlag (proponere) darauf hinweisen, daß Atticus noch persönlich erscheinen werde. — **lustrum:** Die Amtszeit der Zensoren wurde mit einem feierlichen Sühneopfer (lustrum) beendet. — **sub lustrum:** unmittelbar vor Ende der Zensur (Schätzung). — **germanus:** echt. — **negotiator:** Kaufmann, Händler. Da das Vermögen sich von einem zum anderen Tag ändern konnte, ließ ein echter Kaufmann sich erst kurz vor Beendigung des Census einschätzen.

II. Cicero als Konsular bis zur Verbannung

8. Gefährdung der Freiheit im Konsulatsjahr Cäsars
(Att. 2,11)

Am 23. April des Jahres 59 befand sich Cicero auf seinem Landgut bei Formiae, wo er bis zum 6. Mai blieb. Die große Zahl seiner Briefe, die er in dieser Zeit an Atticus richtet (14), verrät seine innere Unruhe. Das Wort relegatus am Anfang des Briefes charakterisiert recht treffend seine Einstellung zur Politik und zur Hauptstadt Rom; er kommt sich als Verbannter vor, der von der Hauptstadt Rom und vom politischen Leben völlig abgeschnitten ist.

1. **Narro tibi:** Steht betont am Anfang des Satzes und drückt eine lebhafte Versicherung aus. — **plane:** geradezu. — **relegatus:** Verbannter. Die relegatio war die mildeste Art der Verbannung; sie erstreckte sich auf eine kürzere Entfernung (z. B. Verweisung aus Rom) und auf eine kurze Zeit. — **Formianum** (sc. praedium): Landgut bei Formiae, an der Küste Latiums zwischen Rom und Neapel gelegen. — **Antium:** Stadt in Latium, bevorzugter Aufenthaltsort reicher Römer, bekannt durch seine Tempel und Orakelstätte. — **litterae:** Briefe. — **nisi si:** außer. — **viator:** Wanderer, Reisender. — **excipere:** aufnehmen, hören. — **puer:** Sklave. — **ponderosus** (pondus): gewichtig, schwer, inhaltsschwer.

2. **Arpinum:** Samnitische Stadt am Fimbrenus, Heimat des Marius und Cicero. — **haec** (sc. scripsi oder sunt). —

9. Wachsende Unruhe Ciceros (Att. 2,18)

Die Machtverhältnisse haben sich seit dem Jahre 60 (1. Triumvirat zwischen Cäsar, Pompeius und Crassus) grundlegend zuungunsten des Senates verändert. Daher erfüllt Cicero das Schicksal der Republik jetzt (im Juni 59) mit großer Sorge, die er dem Atticus, der nach längerem Romaufenthalt wieder auf seine Güter in Epirus zurückgekehrt ist, in diesem Briefe mitteilt. Die kurzen Sätze sind ein Zeichen für die innere Zerrissenheit und Verzweiflung Ciceros, der erschüttert ist über die verlorene Freiheit.

1. **suspensus:** voller Erwartung, gespannt. — **avēre:** verlangen nach. — **tenere:** beherrschen. — **eiectio** = exilium, das Cicero mit Absicht vermeidet. — **gemere:** seufzen, stöhnen. — σκοπός:

Ziel, Absicht. — **qui tenent** (sc. rem publicam): die im Besitz des Staates sind, die Machthaber im Staate. Gemeint sind Cäsar, Pompeius und Crassus, die im Jahre 60 das 1. Triumvirat geschlossen hatten. — **largitio**: Durch die lex agraria, durch die die Veteranen des Pompeius abgefunden wurden, durch Pachtermäßigungen für die Steuerpächter und durch reichliche Schenkungen an das Volk suchte Cäsar die Menge für sich zu gewinnen. Die Staatskasse war — so sagt Cicero — dadurch so erschöpft, daß niemand mehr in Zukunft Gelegenheit hat, durch Spenden aus der Staatskasse sich beim Volk beliebt zu machen. — **palam adversari**: sich offen widersetzen. — **C. Scribonius Curio**: Er war zunächst Gegner der Triumvirn, trat im Jahre 50 als Volkstribun zu Cäsar über, der seine Schulden bezahlte. Fiel 48 in Afrika im Kampf gegen König Juba. — **plausus**: Beifall. — **consalutatio**: öffentliche Begrüßung (durch die Menge). — **impertire** (pars): zuteilen. — **Q. Fufius Calenus**: Prätor im Jahre 59, eifriger Anhänger Cäsars. — **convicium** (vocare): Schimpfwort, Schmähruf. — **sibilus** (Ggs. zu plausus): Zischen, Pfeifen. — **consectari** (Frequent. von consequi): verfolgen. — **dolor**: Erbitterung. — **voluntas**: Gesinnung. — **virtus**: Tatkraft, Taten. — **adligare**: fesseln, hemmen.

2. **κατὰ λεπτὸν** = minutatim: bis ins kleinste. — **res eo deducta est**: es ist so weit gekommen. — **oppressio**: (opprimere): Unterdrückung. — **dumtaxat**: lediglich, nur. — **circulus**: Privatkreis, private Zusammenkunft. — **Campana lex** (= lex Iulia): Das zweite Ackergesetz sah vor, daß auch das Staatsland in Kampanien an kinderreiche Familien und an die Veteranen des Pompeius verteilt werden sollte. Cäsar wollte dadurch das großstädtische Proletariat aufs Land abziehen und einen Stand von Kleinbauern schaffen. — **exsecratio** (candidatorum): Die Amtsbewerber mußten sich für den Fall verwünschen, wenn sie eine Regelung unterstützten, die der lex Iulia entgegenstand. — **mentionem facere**: einen Vorschlag machen. — **ager** (sc. Campanus): der Grundbesitz (Kampaniens). — **M. Iuventius Laterensis**: eifriger Anhänger der Republik. Im Jahre 64 trat er als Ankläger gegen Plancius auf. Er beging im Jahre 43 als Legat des Lepidus Selbstmord. — **laute** (lavare): sauber, anständig.

3. **mihi displiceo**: ich fühle mich unwohl. — **tuēri**: schützen, behaupten. — **ut**: in Anbetracht dessen, daß. — **demissus**: kleinmütig, verzagt. Ganz anders äußert sich Cicero in seiner Rede prov. cons. 41 mit Rücksicht auf die Öffentlichkeit, während er in seinem vertraulichen Brief an Atticus wohl seine wirk-

liche Meinung sagt. — **legatio:** Amt eines Legaten. Aus den Reihen der Senatoren bestimmte der Senat die Legaten auf Vorschlag des Provinzstatthalters. — **libera legatio:** freie Gesandtschaft. Sie gab einem Senator die Möglichkeit, als Privatmann die Provinzen zu bereisen, aber die Vorteile eines staatlichen Gesandten in Anspruch zu nehmen. Als vorgeschobener Grund diente häufig die Erfüllung eines Gelübdes (votum). — **praesidium:** Die libera legatio hätte für Cicero keinen Schutz vor Verfolgungen des Clodius bedeutet, während er als Cäsars Legat nicht angeklagt werden konnte. — **pudor:** Schüchternheit. Ironisch gemeint; ebenso steht das Deminutivum Pulchellus ironisch für P. Clodius Pulcher. — **ablegare** (legatus): entfernen. Die Rückkehr des Bruders Quintus aus Asien stand kurz bevor. — **munitior:** sicherer. Vgl. zu praesidium. — **tenere:** sich an etwas halten, im Auge behalten. — **studium:** Sympathie.

4. Statius: Sklave des Q. Cicero, dem dieser erst kürzlich die Freiheit geschenkt hatte. Man war allgemein der Meinung, er habe zu großen Einfluß auf Ciceros Bruder. — **manu mittere:** frei lassen. — **angere** (angor): ängstigen, beunruhigen. — **occallescere** (callum: Schwiele): ein dickes Fell bekommen.

10. Der Untergang der Republik (Att. 2,21)

Der Brief Att. 2,21 ist — ebenso wie der vorherige Brief Att. 2,18 — im Jahre 59, dem Konsulatsjahr des Cäsar und Bibulus, geschrieben. Cicero befindet sich jetzt (Ende Juli 59) in Rom, während Atticus auf seinen Gütern in Epirus weilt.

Mit dem Anfangssatz (res publica) tota periit gibt Cicero die hoffnungslose Lage der Republik wieder. Die Gesetzesvorschläge Cäsars, besonders die beiden Ackergesetze, die ihn beim Volk beliebt machen sollen, wurden gegen den Willen des Mitkonsuls Bibulus durchgesetzt. Dieser war bald politisch kaltgestellt und zog sich für den Rest seiner Amtszeit in sein Haus zurück, von wo aus er mit öffentlichen Anschlägen gegen die Maßnahmen Cäsars protestierte. Cicero ist zwar von Pompeius enttäuscht, hält aber freundschaftliche Verbindungen zu ihm aufrecht, weil er und die Optimaten in ihm immer die Hauptperson sahen, während in Wirklichkeit Cäsar schon längst die Zügel in der Hand hält. Cicero fürchtet politische Gewalt und ist besorgt um die eigene Sicherheit, obwohl Pompeius ihm versichert, daß der Todfeind Clodius nichts gegen ihn unternehmen werde.

1. subtiliter (sc. scribam): genau. Die Ellipse des Verbums ist als Element der Umgangssprache für den Briefstil besonders typisch. — **hōc** = Ablativ. Bezieht sich auf das folgende quod. — **quam reliquisti** = quam cum reliquisti. — **dominatio**: Gewaltherrschaft. Gemeint ist das 1. Triumvirat. — **tum**: Antithese zu nunc repente. — **boni**: die Optimaten. — **ut . . . sine pernicie** sc. esset. — **quorsus**: wohin. — **eruptura**: Metaphorischer Gebrauch von erumpere. Die rapide Verschlechterung der politischen Lage, die innerhalb eines Monats (seit Juni 59; vgl. Brief 9) eintrat, verdeutlicht Cicero durch die Antithesen **iucunda . . . multitudini, bonis . . . molesta — tanto in odio est omnibus** und **tum — nunc repente**. — **illorum**: die Triumvirn. — **intemperantia**: Anmaßung. — **Catoni irati omnia perdiderunt**: Cäsar ließ Cato, der mit der Senatspartei sich gegen die Ackergesetze ausgesprochen hatte, verhaften, mußte ihn aber nach den Protesten der Optimaten wieder freilassen. — **sibilus**: Pfeifen. Bei den Appolinarischen Spielen (6.—12. Juli) wurde Pompeius von der Menge ausgepfiffen. — **honesti**: So bezeichnet Cicero häufig mit einer moralischen Wertung die Anhänger der Senatspartei. — **fremitus**: Murren. — **exardescere, exarsi** (ardēre): vor Zorn entbrennen.

2. orbis: Kreis, Rad. — **converti**: sich drehen. — **orbita**: Spur. — **transitus**: das Vorübergehen.

3. noster amicus: Pompeius, auf den Cicero seine politischen Hoffnungen setzte, der aber jetzt eng mit Cäsar verbunden war. — **insolens** (solēre): nicht gewohnt, ungewohnt. — **infamia**: üble Nachrede. — **circumfluere**: Überfluß haben an, überreich sein an etwas. — **deformatus**: verunstaltet, heruntergekommen. — **se conferre**: sich wenden. — **progressus, us**: das Vorwärtsschreiten, der Schritt vorwärts. Pompeius erkennt, daß ein weiteres Zusammengehen mit Cäsar und Crassus für ihn äußerst gefährlich, eine Umkehr (reditus) zu den Optimaten aber ein Zeichen von Inkonsequenz sei. — **praeceps**: kopfüber, ins Unglück stürzend. — **inconstans**: unbeständig, inkonsequent. — **mollitiem animi**: Empfindsamkeit. — **a.d.VIII Kal. Sext.**: am 25. Juli. — **edicta Bibuli**: Bibulus, der unbedeutende Amtsgenosse Cäsars, versuchte Cäsars Gesetzesvorschläge zu verhindern, wurde aber dermaßen eingeschüchtert, daß er sich die restlichen acht Monate seines Konsulates in seinem Hause aufhielt und durch öffentliche Bekanntmachungen (edicta) Cäsars Anordnungen für ungültig erklärte (vgl. Sueton Iul. 20). — **contionari** (contio): vor dem Volke sprechen. — **illo in loco**: Rednerbühne auf dem Forum. — **iactare:** sich rühmen. — **iactare se magnificentissime:** eine großartige Figur machen. — **humilis:** niedergeschlagen. — **demissus:** kleinmütig. — **Crassus:** Trotz der gemeinsamen Interessen im Triumvirat bestand seit dem Sklavenkrieg eine starke Rivalität zwischen Pompeius und Crassus.

4. astrum: Stern. — **ex astris decidere:** vom Himmel fallen, seinen größten Ruhm verlieren. — **progredi:** vorwärtsschreiten. Cicero bezeichnet den Eintritt des Pompeius in das Triumvirat als einen irrtümlich begangenen Fehltritt und nicht als einen mit Überlegung vollzogenen Schritt. — **Apelles:** Berühmtester Maler zur Zeit Alexander des Großen. Sein bekanntestes Werk war die aus dem Meer aufsteigende Aphrodite (Venus Anadyomene). Es befand sich im Asklepiostempel zu Kos, ehe Augustus es kaufte und nach Rom brachte. — **Protogenes:** Bekannter Maler, Zeitgenosse des Apelles. Sein Hauptwerk war der Ialysos, ein Held aus Rhodos. — **caenum:** Schmutz. — **oblinere, oblevi, oblitum:** beschmieren. — **polire:** polieren, zieren. Cicero hat am Ruhm des Pompeius mitgewirkt. Er denkt hier vor allem an seine Rede de imperio C. Pompei aus dem Jahre 66, in der er die Feldherrntugenden des Pompeius verherrlichte. — **quamquam** (als Einleitung eines Hauptsatzes): freilich. — **Clodianum negotium:** die Clodiusaffäre. Pompeius hatte als Augur die Adoption des Clodius und seinen Übertritt zur Plebs unterstützt. Dadurch stand dem Clodius der Weg zum Volkstribunat offen. — **exhaurire:** nehmen. — **Archilochia . . . edicta:** Archilochos, griechischer Dichter des 7. Jahrhunderts aus Paros, war der Erfinder der Jambendichtung. Seine Gedichte zeichneten sich durch scharfen Spott aus. — **proponere:** öffentlich anschlagen. — **tabescere:** vergehen. — **acer in ferro:** hitzig im Kampf. — **insuetus:** ungewohnt. — **animi impetus:** leidenschaftliches Temperament.

5. comitia: Bibulus hatte durch ein Edikt die Konsularkomitien vom 10. Juli auf den 18. Oktober verschoben. — **ad Bibulum:** zum Hause des Bibulus. — **seditiosus:** aufrührerisch. — **vocem** sc. audientium. — **quid quaeris:** um es kurz zu sagen, natürlich. Lebhafter Ausdruck der Umgangssprache. — **ullius partis:** Auch die Popularen hatten sich von Cäsar abgewandt.

6. studia: Sympathien. — **ad tempus illud:** für jenen entscheidenden Augenblick. — **M. Terentius Varro** (116—27): Galt als gelehrtester Mann seiner Zeit. Er schrieb 74 Werke in 620

Büchern. Er hatte unter Pompeius als Legat in Spanien (**77—71**) gedient. Varro sollte im Auftrag Ciceros auf Pompeius einwirken. — **divinitus** (adv.): göttlich, vortrefflich. Bezieht sich auf Att. 2,20,2: ,,Clodius adhuc mihi denuntiat periculum. Pompeius adfirmat non esse periculum, adiurat; addit etiam se prius occisum iri ab eo quam me violatum iri." — **sine molestia:** unbehelligt. — **discedere** (Metapher aus dem militärischen Bereich): das Feld räumen. — **Sicyonii:** Die Einwohner von Sicyon, einer Stadt in der Nähe von Korinth, schuldeten dem Atticus Geld.

III. Ciceros Verbannung

11. Eine Nachricht Ciceros aus Brundisium
(Att. 3,7)

Im Januar 58 beantragte der Volkstribun Clodius ein Gesetz, wonach jeder geächtet werden sollte, der einen römischen Bürger ohne ordentliches Gerichtsverfahren töte oder getötet habe. Da es Cicero klar war, daß sich dieser Antrag gegen ihn richtete, suchte er Hilfe bei Pompeius. Doch dieser versagte ihm ebenso seine Unterstützung wie der eingeschüchterte Senat. Als sich nun auch die Konsuln Piso und Gabilius, die durch die Erwartung reicher Provinzen für Clodius eingenommen waren, gegen ihn stellten, verließ Cicero Mitte März freiwillig Rom. Am nächsten Tag ließ Clodius sein Gesetz durch die Volksversammlung beschließen. Kurze Zeit später brachte Clodius ein zweites Gesetz durch, durch das Cicero namentlich geächtet und auf einen Umkreis von 700 km von Italien verbannt wurde. Die von Clodius aufgehetzte Volksmenge plünderte und zerstörte Ciceros Haus auf dem Palatin und seine Villa in Tusculum. Der Brief Att. 3,7 ist am 29. April 58 aus Brundisium geschrieben, kurz vor der Überfahrt nach Dyrrhachium in Epirus. Von dort reiste Cicero dann nach Thessalonike, wo er bei Cn. Plancius, dem Quästor von Makedonien, Aufnahme fand.

1. a. d. XIIII Kal. Maias: Nach seiner Ankunft in Brundisium am 17. April blieb Cicero noch 13 Tage bei seinem Gastfreund Laenius Flaccus, ehe er nach Dyrrhachium übersetzte. — **Epirus:** Das Landgut des Atticus lag in der Landschaft Epirus, nicht weit von Buthrotum an der Meerenge von Korfu noch innerhalb der 700 km-Zone. — **celebritas** (Ggs. solitudo): Belebtheit, große Volksmenge, belebter Ort. — **lux:** das Licht der Öffentlichkeit. — **odi ... possum:** Die einfache asyndetische Aneinanderreihung der Aussagen kennzeichnet den inneren Zustand Ciceros, die Verstörtheit und tiefe Bestürzung. — **amarus:** bitter, unangenehm. — **deverti:** einen Abstecher machen, einkehren. — **devius** (via): abgelegen. — **Autronius:** Anhänger Catilinas, der in Athen in der Verbannung lebte. — **quadridui** sc. iter abest. — **quadriduum:** Zeitraum von vier Tagen. Die Entfernung vom Landgut des Atticus bis nach Athen betrug vier Tagesreisen. — **castellum munitum:** Das Landgut des Atticus war offensichtlich stark befestigt. — **cadere:** eintreten, sich ereignen. — **ut** (konzessiv): angenommen daß, wenn. — **nunc**: so aber. — **interpretentur**: Die Entfernung von 700 km war nicht so genau festgelegt.

2. **manus abstinēre ab aliquo**: nicht Hand an jemanden legen. — **paeniteat**: Zeugma. — **consilii**: Cicero empfindet Reue über seinen Entschluß, Rom so schnell verlassen zu haben, da man seine Handlung leicht als ein Eingeständnis seiner Schuld auffassen könne. — **me vitae paenitet**: ich bin des Lebens überdrüssig, das Leben ekelt mich an. — **spes**: Bei Ciceros Abreise aus Rom hatte man ihm in Aussicht gestellt, daß der Verbannungsbeschluß bald annulliert werde und er in einigen Tagen wieder in allen Ehren zurückkehren werde (vgl. Q. fr. 1,4,4). — **prosequi**: begleiten. — **facere, ut** zur Beschreibung des Verbums findet sich häufig in Ciceros Briefen. — **invidus**: neidisch, Neider. Zu den Neidern gehörten nicht wenige Optimaten, vor allem aber Hortensius, den Cicero aber hier mit Rücksicht auf dessen Freundschaft mit Atticus nicht nennt. — **maerorem exagitare**: den Kummer erneuern. — **neminem ... nemini**: Die Anapher unterstreicht die Auffassung Ciceros, noch nie habe ein Mensch ein größeres Unglück erfahren müssen als er. In seiner grenzenlosen Verzweiflung erwägt Cicero sogar den Gedanken an einen Selbstmord. — **mortem oppetere**: in den Tod gehen, sterben. Der Zeitpunkt für einen ehrenvollen Tod im Kampf gegen Clodius ist ungenutzt vorübergegangen. Als Verbannter wird er nicht mehr die Gelegenheit erhalten, durch einen ruhmvollen Tod sich einen guten Abgang zu verschaffen. — **esse ad**: dienen zu. **Esse** in Verbindung mit der präpositionalen Wendung **ad medicinam** ist umgangssprachlich.

3. **spes mutandarum rerum**: Aussicht auf eine Änderung der (politischen) Verhältnisse. — **placet** sc. tibi. — **Candavia**: Gebirgsgegend im nördlichen Epirus, durch welche die Straße von Dyrrhachium nach Thessalonike führte. — **de fratre**: Quintus befand sich damals auf der Rückreise aus Athen. — **id**: Der Gedanke an seinen Bruder und an sein eigenes augenblickliches Unglück. — **facultas huius generis**: die Fähigkeit hierzu. — **data** sc. epistula.

12. Aus der Verbannung (Att. 3,10)

Am 17. Juni 58 richtete Cicero aus Thessalonike, wo er bei dem Quästor Cn. Plancius wohnte, einen pessimistischen Brief an Atticus. Seine Hoffnung auf eine baldige Rückberufung nach

Rom hatte sich noch nicht erfüllt. Die politische Lage in Rom war sehr unsicher. Cäsar befand sich als Statthalter in Gallien, Pompeius war nicht fähig, in Rom Ordnung zu schaffen, und Clodius beherrschte mit seinen Banden die Hauptstadt. Die intensiven Bemühungen der Freunde Ciceros, besonders des Atticus, hatten schon lange eingesetzt und führten dazu, daß der Senat am 1. Juni in Abwesenheit des Clodius einstimmig die Rückberufung Ciceros beschloß. Die Durchführung dieses Beschlusses wurde jedoch durch das Veto des Tribunen Aelius Ligus verhindert, so daß Ciceros Freunde sich auf die nächsten Comitien vertrösten mußten.

1. exspectabam: Tempus des Briefstils. — **Thessalonicae:** Cicero war, von Dyrrhachium kommend, am 23. Mai in Thessalonike eingetroffen. — **ubi sim:** wo ich mich aufhalten soll. — **opperiri:** warten. — **ad te:** Nach Buthrotum in Epirus auf das Landgut des Atticus. — **ista:** diese Hoffnungen. — **evanescere:** schwinden. — **significare:** zu verstehen geben, andeuten. — **istorum:** Im April war es zum Zerwürfnis zwischen Pompeius und Clodius gekommen, weil dieser den armenischen Prinzen Tigranes, der seit 61 gefangengehalten wurde, entkommen ließ.

2. obiurgare: tadeln, schelten. — **animo infirmo esse:** kleinmütig sein. — **ecquod** = num quod. — **ex amplo statu:** Cicero ruft sich seine glanzvolle Vergangenheit ins Bewußtsein und vergleicht damit seine gegenwärtige mißliche Situation, die ihm dadurch um so trostloser erscheint. — **in bona causa:** Bezieht sich auf die Niederwerfung der Catilinarischen Verschwörung. — **facultates:** Hilfsmittel, Möglichkeiten. — **boni:** Patrioten. — **fortunae:** Vermögen. — **attendere:** beachten, achtgeben. — **vitavi:** Ciceros Bruder Quintus kehrte nach einer dreijährigen Statthalterschaft aus Asien zurück, konnte Cicero aber auf der Rückreise nicht treffen, weil er wegen einer gegen ihn erhobenen Repetundenklage schleunigst nach Rom reisen mußte. — **luctus:** (innere) Trauer, tiefe Betrübnis. — **squalor:** (äußere) Trauer. — **florens:** in glänzenden Verhältnissen stehend, auf der Höhe der Macht stehend. — **perditus:** verloren, hoffnungslos. — **afflictus** (Ggs. zu florens): unglücklich, mutlos, verachtet. — **mitto** = praetermitto. — **hic:** unter diesen Umständen. — **committere, ut:** es soweit kommen lassen, daß. — **haec:** das, was ich vorher aufgezählt habe. — **intra parietes:** innerhalb der vier Wände. — **consilia inire:** Pläne fassen. Ciceros Freunde, auch Atticus, rieten ihm zur Flucht. Er macht sich hier — und auch sonst mehrfach — den Vorwurf, er habe allzusehr falschen Freunden und Ratgebern vertraut.

3. **relevare:** aufrichten, trösten. — **castigatio:** Zurechtweisung. — **obiurgatio** (obiurgare § 2): das Tadeln. — **istinc** = a vobis. — **ut prorsus ne** (verstärkend): damit durchaus nicht.

IV. Cicero nach seiner Rückkehr aus dem Exil bis zu seinem Prokonsulat

13. Ciceros Ankunft in Rom (Att. 4,1)

Nachdem für Cicero durch einen Beschluß des Senates (Anfang Juli 57) und der Volksversammlung (4. August 57) der Weg für seine Rückkehr nach Rom frei war, traf er bereits am 5. August in Brundisium ein.

In seinem Brief an Atticus (Mitte September 57) berichtet er mit großer Begeisterung über seine Reise von Brundisium nach Rom, die sich zu einem wahren Triumphzug durch Italien gestaltet. Auch in Rom (4. September 57) ist sein Empfang durch das Volk nicht weniger großartig. Schon einen Tag später hält er eine Dankrede an den Senat und das Volk und beantragt am 7. September, Pompeius die Leitung der Getreideversorgung zu übertragen. Für Cicero ergibt sich bald eine schwierige Lage, da Pompeius bestrebt ist, seine Unterstützung für sich zu gewinnen, und gegenüber Cäsar seinen Einfluß zu vergrößern, der sich als Statthalter in Gallien befindet.

1. Romam: Am 4. September 57. — **recte:** ohne Gefahr, sicher. — **gratulari de:** danken für. — **absenti:** Atticus hielt sich damals in Epirus auf. — **vere:** offen, ehrlich. Dem Dank folgen sofort Vorwürfe, die jedoch später gemildert werden. — **te** sc. fuisse. — **propter:** im Vergleich zu. — **observantia:** Aufmerksamkeit, Hochachtung. — **error:** irrige Meinung. Auch Atticus hatte aufgrund seiner falschen Beurteilung der Lage Ciceros Flucht aus Rom befürwortet. — **furor:** Verblendung, Wahnsinn. — **falsus:** unbegründet. — **socius:** teilnehmend, mitverantwortlich für. — **discidium:** Trennung. — Cicero vergleicht das Verhalten seines Freundes Atticus während seines Exils mit seinem eigenen und wägt die Leistungen und Fehler des Atticus gegeneinander ab.

2. exoptatus: erwünscht. — **cumulare** (cumulus): aufhäufen, vollkommen machen. — **semel nactus** = ubi semel nactus ero. — **dimisero** statt des Fut. I. — **exigere:** t.t. aus der Kaufmannssprache für das Einfordern der Kapitalzinsen. — **praetermissos:** wegen der Verbannung. — **fructus:** Davon ist ein doppelter Genetiv abhängig. — **suavitas:** angenehmer, liebenswürdiger Umgang. — **restitutio:** Wiederherstellung.

3. recuperare: wieder erlangen. — **splendor forensis:** Ansehen auf dem Forum, in der Politik. — **gratia:** Einfluß. — **viri boni:** Optimaten. — **magis, quam optaramus:** Eine führende Stellung bei den Optimaten hätte leicht Neid erregen und den alten Gegensatz zu den Triumvirn wieder hervorrufen können. — **in re familiari:** Ciceros Haus auf dem Palatin war am Tage nach seiner Abreise (März 58) geplündert und zerstört worden. Das Grundstück hatte Clodius durch einen Mittelsmann erworben und dort einen Tempel der Libertas erbauen lassen. Auch Ciceros Landgüter bei Tusculum und Formiä waren verwüstet worden. — **fractus:** ruiniert. — **dissipatus:** zerstreut. — **laborare:** leiden, in Sorge sein. — **facultates:** finanzielle Hilfe. — **reliquiae nostrae:** das, was mir noch geblieben ist.

4. potissimum: hauptsächlich, am liebsten. — **Pr. Non. Sext.:** Das römische Jahr begann mit dem Monat März; daher hieß der sechste Monat (August) Sextilis. Später bekam er den Namen August, weil Oktavian im August des Jahres 43 bei Mutina gesiegt hatte und sein erstes Konsulat erhielt. — **Dyrrachium:** Das Adriatische Meer konnte am schnellsten von Dyrrachium nach Brundisium überquert werden, von wo dann auf der Via Appia der kürzeste Weg nach Rom führte. — **legem ferre:** einen Gesetzesantrag einbringen. Der Konsul P. Cornelius Lentulus Spinther brachte das Gesetz zur Rückberufung Ciceros im Senat ein, dem der ganze Senat — mit Ausnahme des Clodius — zustimmte. Der Senat beschloß außerdem, daß die stimmberechtigten römischen Bürger ganz Italiens in einer Volksversammlung über Ciceros Rückkehr befinden sollten. — **praesto esse:** zugegen sein. — **natalis dies:** Geburtstag. Brundisium war am 5. August 244 römische Kolonie geworden. Den Gründungstag feierte man alljährlich. Auch der Tempel der Salus auf dem Quirinal, in dessen Nähe sich das Wohnhaus des Atticus befand, war am 5. August (302) geweiht worden. Das Zusammenfallen dieser Ereignisse mit seiner Ankunft in Italien wertet Cicero als ein gutes Omen. — **legem perferre:** ein Gesetz durchbringen. Im Unterschied zu den contiones, in denen nicht abgestimmt wurde, sondern in denen man nur Mitteilungen entgegennahm, fanden in den comitia Abstimmungen statt. In den comitia centuriata, den nach Centurien gegliederten Volksversammlungen, kam das Volk auf dem Marsfeld zusammen und stimmte über Gesetze, Wahl von Beamten und Aufhebung von Gerichtsentscheidungen ab. Da die Stimmabgabe der römischen Bürger nur in Rom erfolgen konnte, strömten am

4. August viele römische Bürger aus Rom und Italien dorthin und nahmen das Gesetz einstimmg an. Da Cicero mit der Annahme des Gesetzes gerechnet hatte, war er schon vorher nach Italien gereist.

5. nomenclator: Amtsbewerber hielten sich Sklaven, die ihnen auf der Straße die Namen der Begegnenden zuflüsterten; so konnten sie dann die Bürger mit Namen anreden. — **porta Capena:** Sie war das südlichste Tor der Stadt, das man von der Via Appia her erreichte. — **gradus, us:** Stufe. — **infima plebs:** das niedrige Volk. — **significare:** äußern. — **frequentia:** zahlreiche Volksmenge. — **ad Capitolium:** Dort opferte Cicero den Göttern. — **celebrare:** zahlreich begleiten. — **senatui gratias egimus:** Die Rede (oratio post reditum in senatu habita) ist erhalten. Cicero hielt sie am 5. September 57, einen Tag nach seiner Rückkehr aus der Verbannung. Dabei hebt er u. a. besonders die Verdienste des Pompeius hervor, der sich für seine Rückberufung eingesetzt hatte.

6. eo biduo: innerhalb dieser zwei Tage, zwei Tage darauf. — **annonae caritas:** Teuerung des Getreides. — **ad theatrum:** Vom 4.—19. September feierte man die ludi Romani, zu denen eine große Volksmenge erschien. — **impulsus, us:** Anstiftung. — **mea opera:** durch meine Tätigkeit, durch meine Schuld. Clodius schiebt die Schuld für die Getreideknappheit auf Cicero, weil sich zu seiner Begrüßung so viele Menschen in Rom eingefunden haben. Tatsächlich bestand die Brotknappheit schon vor Ciceros Ankunft. — **senatum habere:** eine Senatssitzung abhalten. — **procuratio:** Amt, Verwaltung. — **nominatim:** namentlich. — **decernere:** sich für etwas aussprechen. — **consulares:** Die Mitglieder der Nobilität, die gegen diesen Antrag waren. — **quod tuto se negarent:** Die Behauptung, durch den Terror des Clodius könne man seine Meinung nicht frei äußern, wird von Cicero nicht als ausreichende Entschuldigung angesehen. — **in meam sententiam:** nach meinem Antrag. Pompeius erhielt eine auf fünf Jahre bemessene Vollmacht über die Getreidevorräte des ganzen Reiches. — **meo nomine recitando:** Das Gerundivum steht hier für das fehlende Part. Präs. Passiv. Der formelhafte Anfang eines Senatsbeschlusses enthielt u. a. den Namen des Antragstellers, in diesem Falle Ciceros Namen. — **praeter unum praetorem:** Ap. Claudius Pulcher, der Bruder des Clodius. — **dare** sc. contionem: die Erlaubnis zum Reden (vor dem Volk) geben. Ein leitender Beamter mußte seine Zustimmung geben, da Cicero Privatmann war.

7. frequens sc. fuit: zahlreich, gut besucht. — **consulares** sc.
aderant: Die Konsularen, die am Tag vorher gefehlt hatten. —
ad omnia: in allen Dingen. — **me principem:** unter den 15
Sonderbeauftragten (legati) soll Cicero die erste Stelle einnehmen. — **alterum se:** das zweite Ich. Pompeius wollte Cicero
mit diesen Worten vor der Öffentlichkeit besonders hervorheben und ihm sein uneingeschränktes Vertrauen aussprechen.
— **legem conscribere:** ein Gesetz entwerfen. — **alteram** sc. legem.
— **Messius:** Der Volkstribun C. Messius wollte mit seinem Antrag dem Pompeius sämtliche Macht im Staate übertragen,
stieß jedoch auf den Widerstand der Optimaten. — **nostra lex
consularis:** Cicero nennt das Gesetz nostra, weil es nach seinem
Gutachten entworfen war, consularis, weil es von den Konsuln
eingebracht wurde. — **modestus:** bescheiden, gemäßigt. —
familiares sc. Pompei. — **Favonius:** Gegner des Pompeius und
Führer der Opposition. — **taceamus:** Cicero verhielt sich
zurückhaltend, um nicht die Optimaten vor den Kopf zu
stoßen, die als pontifices über sein Grundstück auf dem Palatin
ein Gutachten erstellen mußten (respondēre). Clodius hatte
nämlich auf Ciceros palatinischem Grundstück ein Libertas-
heiligtum errichten lassen. Es mußte nun untersucht werden,
ob die Weihe des Heiligtums rechtsungültig sei und der Tempel
abgerissen werden konnte oder ob er erhalten bleiben müsse. —
religio: religiöses Bedenken. — **area:** Bauplatz. — **superficies,
ei:** die Oberfläche, das Gebäude. — **demoliri:** einreißen, zerstören. Gemeint sind die Gebäude, die Clodius auf dem Grundstück hatte erbauen lassen. — **suo nomine:** in eigenem Namen.
— **locare:** in Auftrag geben. — **res tota:** der gesamte Schaden.

8. ut in secundis . . .: Zitat eines unbekannten Dichters. —
ut: je nach dem, wie man es nimmt. — **in secundis** sc. rebus. —
fluxus (fluere): wandelbar, schwankend. — **quaedam domestica:**
Cicero deutet hier häusliche Schwierigkeiten mit seiner Frau
Terentia an, von der er allerdings erst im Jahre 46 geschieden
wurde. — **initium ordimur:** Pleonasmus. — **occulte irasci, aperte
invidēre:** Anspielung auf die geheimen Intrigen der Nobilität.

14. Eine Bitte Ciceros an den Historiker Lucceius
(fam. 5,12)

Ciceros Überlegungen im Jahre 56 beschäftigten sich mit der
Frage, wie er wieder in der Politik eine bedeutende Rolle spielen
könne, ohne seine politischen Prinzipien durch eine Annäherung

an die Triumvirn aufgeben zu müssen. Da kam ihm der Gedanke, den Mitbürgern seine früheren Leistungen, besonders sein ruhmreiches Konsulat, wieder vor Augen zu führen. Daher richtete er im Juni 56 von seinem Landgut in Antium an seinen Freund Lucceius den vorliegenden Brief. Lucceius war Anhänger des Pompeius und hatte nach seiner erfolglosen Konsulatsbewerbung (für 59) die politische Laufbahn aufgegeben und widmete sich nun der Geschichtsschreibung. Daher bat Cicero ihn um eine lobende Darstellung seiner Leistungen „a principio coniurationis usque ad reditum". Er hoffte, daß dadurch das Urteil der öffentlichen Meinung über ihn günstig beeinflußt werden könne. Der Brief fam. 5,12 ist nicht nur durch die Art und Weise, wie Cicero dem Lucceius sein Anliegen mitteilt, sondern auch durch seine sprachliche Darstellung bemerkenswert. Er unterscheidet sich deutlich durch seine sorgfältige Gliederung und durch die gewählte Ausdrucksweise (vgl. die zahlreichen kunstvollen rhetorischen Stilfiguren und die Wortwahl, z. B. § 3 fines transire; § 5 notabilis; § 7 notum facere; perhibēre), die mit umgangssprachlichen Elementen vermischt ist, von den übrigen Briefen Ciceros.

1. coram: persönlich. — **pudor**: Verlegenheit, Schüchternheit. — **subrusticus** (Ggs. urbanus): etwas bäuerisch. Die Abschwächung eines Begriffes durch sub gehört der Umgangssprache an. **Quidam** und **paene** dienen ebenfalls der Einschränkung. — **absens** ist Antithese zu **coram**. — **expromere**: hervortreten, darlegen. — **erubescere** (ruber): rot werden. Das Sprichwort zeigt die naive Offenherzigkeit, mit der Cicero sein Anliegen vorträgt. — **nomen ... nostrum scriptis ... tuis**: Die beiden Hyperbata dienen der Hervorhebung der Gegensätze. Cicero betont, daß er großen Wert darauf lege, daß sein Name durch die Schriften des Lucceius verherrlicht werde. — **festinatio** (festinare): Hast, Ungeduld. — **genus scriptorum**: die Art der Schriftstellerei. — **exspectatus**: erwartet, willkommen. — **vincere opinionem**: die Erwartung übertreffen. — **monumentum**: Denkmal, Buch. — **commemoratio posteritatis** (Gen. subi.): die Erwähnung bei der Nachwelt. — **auctoritas testimonii tui**: das Ansehen (Gewicht) deines Zeugnisses. — **indicium**: Anzeichen, Beweis. — **suavitas ingenii**: Liebenswürdigkeit des Talentes, geschmackvolle und geistreiche Darstellung. Cicero legt gleich großen Wert auf das Urteil des Politikers (auctoritate ingenii), Freundes (indicio benevolentiae) und Schriftstellers (suavitate ingenii) Lucceius. Cicero hat nicht nur den

Wunsch, durch Darstellung seiner Leistungen in den Werken des Lucceius bei der Nachwelt weiterzuleben, sondern er möchte auch schon zu seinen Lebzeiten (vivi) durch ein Geschichtswerk Ruhm und Anerkennung finden.

2. scribebam, eram: Tempora des Briefstils. — **instituere:** beginnen. — **Italici belli et civilis:** Der Bundesgenossenkrieg (91—89 v. Chr.) und der Krieg zwischen Marius und Sulla (88—81 v. Chr.). — **historia:** Geschichte. — **reliquae res:** die späteren Ereignisse. — **deesse:** an etwas fehlen lassen, versäumen. — **coniuncte:** verbunden mit, in Verbindung mit. — **contexere:** zusammenflechten, eng verknüpfen. — **an:** Die zweite Möglichkeit beschreibt Cicero ausführlicher und nennt auch Beispiele aus der griechischen Historiographie, weil sie ihm für seine Person passender erscheint. — **Callisthenes** (sc. scripsit): Begleiter Alexander des Großen. Schrieb eine zehn Bücher umfassende Hellenica und die Geschichte des Phokischen Krieges (355—346 v. Chr.). — **Timaeus:** Stammte aus Tauromenion in Sizilien (gest. um 256). Verfaßte eine Geschichte Siziliens bis zum ersten Punischen Krieg und ein Werk über Pyrrhus. — **Polybius:** Freund des Scipio Africanus minor. Schrieb eine Geschichte in vierzig Büchern (bis ins Jahr 146), außerdem eine Geschichte des Numantinischen Krieges. — **perpetuae historiae:** die fortlaufende Geschichtsdarstellung. — **civilem coniurationem:** Gemeint ist die Verschwörung des Catilina. — **properatio** (properare): Eile, Ungeduld. — **ad locum:** an die (betreffende) Stelle. — **ac:** sondern, sondern vielmehr. — **tempus:** Zeitgeschichte. — **argumentum:** Stoff, Gegenstand. — **persona:** Persönlichkeit. Im Unterschied zu homo meint persona den Menschen in seinem Charakter und seiner Tätigkeit. — **uberiora** bezieht sich auf den Stoff, **ornatiora** auf die Form des Werkes. **impudenter:** unverschämt, aufdringlich. — **occupatio** (occupare): Beschäftigung. — **ornare:** hervorheben, auszeichnen.

3. verecundia: Zurückhaltung, Schüchternheit, Bescheidenheit. — **bene** dient zur Steigerung (= umgangssprachlich) von **naviter:** regsam, tüchtig, völlig. — **plane:** rundheraus, ausdrücklich. — **leges historiae:** Während Cicero § 2 seine Bitte dem Lucceius ausführlich darlegt und die Möglichkeiten zu ihrer Erfüllung aufzeigt, gibt er § 3 seine verecundia auf und bittet Lucceius, seine Taten zu glorifizieren, wobei er ja die Gesetze der Geschichtsschreibung, d. h. der Wahrheit und Objektivität, nicht so genau zu beachten brauche. Vgl. dagegen Cic. de orat. 2,62: Nam quis nescit primam esse historiae legem, ne quid falsi dicere audeat? Deinde ne quid veri non audeat? Ne quae suscipio gratiae sit in scribendo? Vgl. auch Plin. epist. 7,33,10 (an Tacitus): Quamquam non exigo, ut excedas actae rei modum. Nam nec historia debet egredi veritatem, et honeste factis veritas sufficit. — **gratia:** Gefälligkeit, Gunst. — **flectere a:** abbringen von. — **Herculem Xenophontium:** Die Geschichte von Herakles am Scheidewege, als deren Erfinder der Sophist Prodikos gilt, findet sich in Xenophons Memorabilien (2,1,21). — **eam** = gratiam. — **commendabit:** Subjekt ist gratia. — **aspernari:** von sich weisen. — **plusculum:** ein klein wenig mehr. — **largiri:** schenken, einräumen. — **facultas et copia:** reiche Fähigkeiten.

4. modicum ... corpus: ein Gesamtwerk von mäßigem Umfang. — **civiles commutationes:** politische Veränderungen, politischer Umsturz. — **explicare:** entwickeln, darstellen. — **res novae:** Umsturz. — **incommoda:** Schäden. — **rationes exponere:** die Beweggründe aufzeigen. — **liber:** freimütig, offen. — **notare** (nota): kennzeichnen, tadeln. — **suppeditare:** geben, verschaffen. — **voluptas:** Genuß, Freude. — **te scriptore:** wenn du der Verfasser bist. Der Abl. abs. erklärt das Gerundium (in legendo) näher. — **animos tenēre:** die Herzen fesseln. — **temporum varietates:** abwechselnde Zeitumstände. — **vicissitudo:** Wechsel. — **optabilis** (optare): wünschenswert, angenehm. — **recordatio:** Vgl. Cic. fin. 2,105: Suavis laborum est praeteritorum memoria und das Sprichwort Iucundi acti labores.

5. molestiā perfungi: Unglück durchmachen. — **Epaminondas:** Feldherr der Thebaner. Er fiel 362 v. Chr. bei Mantinea im Kampf gegen die Spartaner. Cicero führt zwei Beispiele dafür an, daß die Geschichtsschreibung — ebenso wie die Tragödie — in der Lage ist, beim Leser Mitleid zu erwecken und gleichzeitig einen ästhetischen Genuß zu geben (vgl. Cic. fin. 2,97; Nepos, Epam. 9). — **evellere:** herausreißen. — **spiculum:** Wurfspeer. — **percontari:** fragen. — **clipeus:** Schild. — **erectus:** gespannt. — **Themistocli** = Genitiv. Themistocles starb 460 v. Chr. in der Verbannung in Persien. Mit **reditus** könnte die Rückkehr seines Leichnams gemeint sein. Manche Herausgeber schreiben statt **reditu** exitu, obitu und interitu. — **ordo annalium:** eine annalistische Aufzählung von Begebenheiten. — **mediocriter:** nur wenig. — **enumeratio fastorum:** Aufzählung von Kalendertagen. — **anceps, ancipitis:** ungewiß. — **notabilis:** denkwürdig, bemerkenswert. Cicero betont, daß gegenüber der annalistischen Behandlung eines historischen Stoffes die biographische deutliche Vorteile aufweise.

6. fabula: Drama. — **actus, us:** Akt. — **actio:** Szene. — **consiliorum et temporum:** durch meine Entschlüsse und durch die Zeitumstände bedingt. — **adsentatiuncula** (assentiri): kleine (kleinliche) Schmeichelei. — **aucupari** (avis-capere): auf Vogelfang ausgehen, lauern auf, haschen nach. — **invidus** (invidēre): Neider. — **adsentator** (assentiri): Schmeichler. — **neque autem ego:** Gegensatz zum vorhergehenden neque enim tu is es.

7. Die folgenden Exempla aus der Geschichte sollen deutlich machen, daß der berühmte Künstler ebenso großen Ruhm erwirbt wie die von ihm dargestellte historische Persönlichkeit. — **Apelles:** Der größte Maler des Altertums. — **Lysippes:** Berühmter Bildhauer. — **simulacrum:** Abbild. — **ignoti** (akt. Bedeutung): denen, die sie nicht kannten. — **Agesilaus:** Spartanischer König (444—360 v. Chr.). Der Schriftsteller Xenophon verfaßte eine Lobschrift auf ihn. — **perhibēre:** nennen, anführen. — **in eo genere laborare:** in dieser Art (nämlich sich durch berühmte Künstler darstellen zu lassen) sich bemühen, hierauf Wert legen. — **hōc praestantius mihi fuerit et ad laetitiam animi:** um so größere Freude wird es mir bereiten. — **suppeditare:** helfen. — **Timaeus** (vgl. § 2): Er pries in seinem Geschichtswerk den Korinther Timoleon, der 345 v. Chr. als Anführer der Syrakusaner sich große Verdienste im Kampf gegen Karthago erwarb. — **Herodotus** (484—430 v. Chr.): Er hat durch die Schilderung der Perserkriege die Verdienste des Themistokles hervorgehoben. — **spectatus:** bewährt, erpobt. — **cognitus:** anerkannt. — **praeconium** (praeco): Veröffentlichung, Verherrlichung. — **Sigeum:** Als Alexander der Große am Vorgebirge Sigeum das Grab des Achilles besuchte, soll er ihn glücklich gepriesen haben, weil Homer seine Taten gerühmt habe. Vgl. Cic. Arch. 24: Cum in Sigeo ad Achillis tumulum astitisset, „o fortunate," inquit, „adulescens, qui tuae virtutis Homerum praeconem inveneris!" — **impertire:** zukommen lassen, schenken. — **Hector:** Das folgende Zitat stammt aus der Tragödie Hector proficiscens des Naevius (279—204 v. Chr.). — Cicero nennt Lucceius in einem Atemzug mit Apelles und Lysippus, den bedeutendsten Künstlern ihrer Zeit, und den Historikern Xenophon, Timaios und Herodot. Lucceius hat außerdem noch den Vorzug, nicht nur ein Geschichtsschreiber (wie Timaios und Herodot), sondern auch noch ein Politiker zu sein. Cicero überschätzt hier sicherlich die literarische und vor allem die politische Bedeutung des Lucceius, der sich ja nach mißglückter Konsulatsbewerbung von der Politik zurückgezogen hatte und sich nur noch der Historiographie widmete.

8. fas est: es ist Recht, es ist erlaubt. — **scribam ipse:** Cicero hatte bereits im Jahre 60 eine Denkschrift (commentarius) in griechischer Sprache über sein Konsulat verfaßt. Dasselbe Thema behandelte er auch in lateinischer Sprache. — **exemplo:** Gemeint ist u. a. Sulla, der ein Werk in 22 Büchern über seine Taten verfaßt hatte. — **verecundus:** zurückhaltend. — **fides:** Glaubwürdigkeit. — **missio:** Schluß. Die Herolde trugen vor Abschluß der Spiele selbst einen Wettkampf aus. — **praeco, onis:** Herold.

9. causam recipere (t.t. des Gerichtswesens): eine Sache (als Anwalt) übernehmen. — **consilium:** Entschluß, Entscheidung. — **eventus:** Ereignis. — **illa:** Davor ist scito (so wisse) zu ergänzen. — **cupiditas festinationis:** das ungeduldige Verlangen. **alacer animo sum:** ich wünsche eifrig. — **gloriola:** ein bißchen Ruhm. Das Deminutivum wirkt despektierlich und drückt eine wohl nicht ernst gemeinte Bescheidenheit aus, die im Gegensatz zum Inhalt und Tenor des gesamten Briefes steht.

10. causam suscipere: vgl. § 9 causam recipere. — **commentarius** (vgl. § 8): Aufzeichnungen. — **cessare:** sich säumig zeigen. — **perpolire:** glätten. — Die Futura **cessabis** und **perpolies** sind höfliche Umschreibungen des Imperativs.

15. Ciceros Lebensweise im Jahre 55 (fam. 7,1)

Im Herbst des Jahres 55 berichtet Cicero seinem Freund und Gutsnachbarn M. Marius von der Einweihung des Pompeiustheaters. Während Cicero wohl aus Rücksicht auf Pompeius an den Einweihungsfeierlichkeiten teilnehmen mußte, verbrachte Marius die Zeit auf seinem kampanischen Landgut bei Stabiae. Auch spätere Schriftsteller (Seneca epist. 7, Plin. epist. 9,6 und August. conf. 6,7) haben sich in ähnlicher oder anderer Weise über Zirkusspiele geäußert, so daß es lohnend erscheint, ihre Ansichten mit denen Ciceros zu vergleichen.

1. infirmitas valetudinis: schwache Gesundheit. — **tenēre** = retinēre. — **ad ludos:** Pompeius veranstaltete im August/September 55 anläßlich der Einweihung des Theaters, das er auf dem Marsfeld hatte erbauen lassen, prächtige Spiele. — **utrumque:** Wird im folgenden erläutert. — **animo valēre:** bei klarem Verstand sein, vernünftig sein. — **modo ut:** vorausgesetzt, daß — **constare:** unverändert bleiben, fortbestehen. — **mirifice:** außerordentlich. — **amoenitas:** liebliche Landschaft. — **Stabianus:** Auf seinem Landgut bei Stabiae, an der Küste südlich von Pompeji, hatte Marius durch einen Wanddurchbruch sich einen Ausblick auf den Golf von Neapel verschafft. — **matutinus:** morgendlich. — **lectiuncula:** (Deminūtivum von lectio); leichte Lektüre, angenehme Lektüre. — **communis:** gewöhnlich, alltäglich. — **mimus:** Possenspiel, Komödie. — **semisomnus:** verschlafen, halb schlafend (vor Langeweile). — **delectatio:** Unterhaltung. — **Sp. Maecius:** Als Ädil leitete er im Auftrag des Pompeius die Spiele.

2. apparatus: gut vorbereitet, glänzend. — **stomachus:** Magen, Geschmack. — **coniectura:** Vermutung. — **scaena:** Bühne, Theater. — **honoris causa:** Wortspiel. — **deliciae, arum:** Liebling (ironisch gemeint). — **Aesopus:** bekannter Tragödienschauspieler, der damals wegen seines Alters schon von der Bühne abgetreten war. — **lepos:** Anmut. — **apparatus, us:** Aufwand, Prunk. — **mediocris:** gewöhnlich. — **spectatio:** das Schauen, Staunen. — **hilaritas:** Heiterkeit, Vergnügen. — **Clytaemestra:** Tragödie des L. Accius (geb. 170 v. Chr.). — **Equus Troianus:** Ein Stück des Dichters Naevius (gest. um 201). — **creterra:** Mischkrug. — **armatura:** Bewaffnung. — **pugna:** Schlacht auf der Bühne.

3. ne: gewiß, sicherlich. — **Graecos aut Oscos ludos:** Mit ludi Graeci sind die Komödien des Plautus und Terenz gemeint, die ihre Werke in Anlehnung an griechische Stücke schufen. Unter Osci ludi sind die altitalischen Volkspossen zu verstehen, die aus dem Oskerland, dem Hauptwohnsitz der oskischen Stämme (Sabiner, Samniter), kamen und nach der Stadt Atelle auch fabulae Atellanae genannt werden. — **in senatu vestro:** Cicero meint, in der Ratsversammlung einer Kleinstadt gebe es genug Possen. — **in quibus** sc. athletis: Die griechischen Athletenkämpfe, die 186 v. Chr. nach Rom kamen, setzten sich zur Zeit der Republik und auch später nie richtig durch. — **operam et oleum perdere:** alle Mühe umsonst aufwenden. Sprichwörtliche Redensart, die sich schon bei Plautus (Poen. 332) findet. Öl wurde, wie der Zusammenhang bei Plautus zeigt, als kosmetisches Mittel gebraucht, allerdings oft ohne Erfolg, so daß man daher von vergeblich aufgewendeter Mühe spricht. — **venatio** (venari): Tierhetze. — **binae:** je zwei (je eine vormittags und nachmittags). — **politus:** kultiviert, gebildet. — **imbecillus:** schwach. — **laniare:** zerfleischen. — **praeclara bestia:** Afrikanische Löwen, Tiger und Panther, weiterhin Stiere und Bären, verwandte man bei Tierhetzen. — **venabulum:** Jagdspieß. — **transverberare:** durchbohren. — **consequi:** eintreten, sich regen. — **societas:** Gemeinschaft, Verbindung. Die Haltung Ciceros den Darbietungen gegenüber ist skeptisch und distanziert; wie er lehnen sicher viele führende Männer solche Aufführungen ab, sind aber gezwungen, durch derartige Vergnügungen um die Sympathie des Volkes zu werben.

4. ludi scaenici: Dramen. — **dirupi me:** ich wäre beinahe vor Ärger zerplatzt. — **Gallus Caninius:** Volkstribun, Anhänger des Pompeius, den die Gegner des Pompeius angeklagt hatten. Cicero mußte sicherlich auf Veranlassung des Pompeius diese Verteidigung übernehmen. — **facilis:** leicht zu gewinnen. — **artem desinere:** den Beruf (als Anwalt) aufgeben. — **aetas:** das jugendliche Alter. — **denique:** überhaupt. — **rogatu eorum:** Cicero beklagt sich darüber, daß er nicht mehr in der Wahl seiner Mandanten frei sei. Seine Kritik richtet sich gegen Pompeius und Cäsar; denn nach seiner Rückkehr aus der Verbannung mußte er manche Verteidigung auf Bitten des Pompeius oder Cäsar übernehmen. So im Jahre 54 die Verteidigung des Vatinius, eines Anhängers Cäsars, den er noch zwei Jahre vorher heftig bekämpft hatte.

5. ratio: Art und Weise. — **intervisere:** besuchen. — **lepor** = lepos: Humor. — **se relaxare:** erholen. — **commentari:** studieren, betreiben. — **humaniter** = humane. Was Cicero unter **humaniter vivere** versteht, hat er im Verlauf des Briefes erläutert; es wird besonders deutlich durch die Schilderung, wie Marius sein otium einrichtet und in dem Kontrast des ciceronischen Lebensstiles. — **sustentare:** pflegen. — **lecticula:** Sänfte. — **concursare:** umherstreifen, umherreisen.

6. abundantia: Überfluß. — **subinvitare:** halb und halb einladen. — **posthac:** in Zukunft. — **spes aliqua:** eine geringe Hoffnung.

16. Ciceros politische Entwicklung seit dem Jahre 56 (fam. 1,9, 1—22)

Im Dezember des Jahres 54 richtet Cicero von Rom aus einen ungewöhnlich ausführlichen Brief an P. Cornelius Lentulus Spinther, der sich als Statthalter in der Provinz Kilikien befindet. Lentulus hatte als Konsul des Jahres 57 maßgeblichen Anteil an Ciceros Rückberufung aus der Verbannung. Daher fühlte sich Cicero zu besonderer Dankbarkeit verpflichtet und wollte auf die kritischen Fragen des Lentulus möglichst erschöpfend antworten.

In seinem Antwortbrief (fam. 1,9) rechtfertigt Cicero seine Haltung nach der Rückkehr aus dem Exil und sucht den Vorwurf einer allzu opportunistischen Anpassung an die Triumvirn zu entkräften.

Der Brief ist sorgfältig stilisiert und enthält einen zusammenhängenden offiziellen Teil (§§ 4—23), der von privaten Äußerungen (§§ 1—3 und 24—26) eingerahmt ist. Der offizielle Teil beginnt mit der Rechtfertigung der Verteidigung des Vatinius (am 1. September 54), welche allgemein Aufsehen erregt hatte, da Ciceros heftige Angriffe gegen P. Vatinius aus dem Jahre 56 noch gut bekannt waren. Im Laufe des Briefes aber verschiebt sich der Akzent. Allmählich tritt die Rechtfertigung seiner Annäherung an die Triumvirn, besonders seine Freundschaft mit Cäsar, in den Vordergrund.

Der Brief war — nicht zuletzt wegen seines apologetischen Charakters — für eine Veröffentlichung gedacht, zumindest der offizielle Teil (§§ 4—23).

1. Imperator: Lentulus hatte im Jahre 54 von seiner Provinz Kilikien aus eine harmlose Expedition gegen die Bewohner des Amanusgebirges unternommen und war von seinem Heer zum Imperator aufgerufen worden. — **pietas:** Verehrung, Verpflichtung. — **gravis:** würdevoll, feierlich. — **meritis:** Cicero erwähnt hier die Verdienste, die sich Lentulus um seine Rückkehr erworben hat. — **levis:** gering, unbedeutend, nichtssagend. — **animus:** Gesinnung.

2. sententiae senatoriae: Äußerungen im Senat. — **actio** (agere): Steht häufig für die politische Tätigkeit im Senat und in der Volksversammlung. — **florēre:** eine bedeutende Rolle spielen. — **sensus:** Gesinnung. — **status:** Standpunkt. — **auctor** (augēre, auctoritas): Förderer, Leiter. — **consiliarius** (consilium): Ratgeber. Cicero nennt den Lentulus seinen auctor, ein Wort, mit dem sich höhere Ansprüche verbinden als mit dem Ausdruck consiliarius, mit dem er sich selbst bezeichnet. — **quamquam** (im Hauptsatz): freilich. — **imperator:** vgl. § 1. — **provinciam obtinēre:** eine Provinz verwalten. — **praesentiores praesens:** Polyptoton. — **praesentior:** wirksamer, unmittelbarer. — **debēre:** zu verdanken haben. — **propugnatio:** Verteidigung. — **inimicos:** Bezieht sich auf die Popularen, **invidēre** auf die Optimaten. — **perennis** (per — annus) **inimicus:** beständiger Feind. Ob Cicero hier Pompeius meint, für dessen Ernennung zum Getreidekommissar sich Lentulus im Jahre 57 sehr eingesetzt hatte (vgl. ornatus), oder den Domitius Ahenobarbus, den Konsul des Jahres 54, ist unsicher. Auf den letzteren weisen die Äußerungen hin, die Caelius im Jahre 50 in einem Brief (fam. 8, 14,1) dem Cicero mitteilt. Itaque mihi est Domitius inimicissimus, ut ne familiarem quidem suum quemquam tam oderit quam me. — **debilitare**: schwächen. — **nostram vicem**: für das, was er uns angetan hat. — **libertas**: Bewegungsfreiheit (Cäsar bzw. den Triumvirn gegenüber).

3. **in molestia**: bei meinem Unbehagen, trotz meines Bedauerns. — **expertum**: Cicero bedauert es, daß Lentulus erst aufgrund eigener, bitterer Erfahrungen zu seinen Erkenntnissen gekommen ist. — **fides**: Zuverlässigkeit. — **merces, edis**: Preis. — **exponere**: schildern, darstellen.

4. Nach der Einleitung (§ 1—3) geht Cicero zur Beantwortung des Lentulusbriefes über, wobei er auf die Fragen des Lentulus sorgfältig eingeht. — **in gratia esse cum aliquo**: sich mit jemandem wieder aussöhnen. — **Appius Claudius Pulcher** ist ein Bruder des mit Cicero verfeindeten Clodius. Auf Vermittlung des Pompeius versöhnte sich Cicero mit Appius. — **P. Vatinius**: Als Volkstribun im Jahre 59 war er ein engagierter Anhänger Cäsars. Er brachte verschiedene Gesetze ein, welche die Position Cäsars stärkten, u. a. das Gesetz, durch das Cäsar das außerordentliche Kommando der fünfjährigen Statthalterschaft über Gallia Cisalpina, Illyria und Gallia Narbonensis erhielt. Im Jahre 56 trat Vatinius als Zeuge gegen P. Sestius auf, den Cicero verteidigte. In einer Rede (oratio in Vatinium testem) griff Cicero ihn heftig an, mußte ihn aber im Jahre 56 unter Druck Cäsars in einem Prozeß verteidigen. — **planus**: deutlich. — **altius repetere**: weiter ausholen. — **ratio consiliorum meorum**: die Art und Weise meiner politischen Grundsätze, meiner Politik. Für die Aussöhnung mit Cäsar und Appius bringt Lentulus noch ein gewisses Verständnis entgegen. Die Verteidigung des Vatinius aber scheint die Grenze der Toleranz zu überschreiten, denn hierauf bezog sich wohl in der Hauptsache die kritische Anfrage des Lentulus.
Im folgenden beginnt Cicero mit der Rechtfertigung seines politischen Handelns seit dem Jahre 57, dem Zeitpunkt seiner Rückkehr aus der Verbannung. — **merito** (adv.): verdientermaßen, aus gutem Grund. — **commune officium civium**: allgemeine Verpflichtung den Bürgern gegenüber. — **senatus . . . audivit**: Hinweis auf die am 4. September 57 gehaltene Rede cum senatui gratias egit. — **collocutio**: private Unterredung (im Unterschied zu sermo).

5. agere: sich einsetzen für. — **de reliqua nostra dignitate:** Anspielung auf die Wiedergutmachung der materiellen Verluste, besonders seines Hauses auf dem Palatin. — **occulta odia:** geheime Abneigungen (auf seiten der Nobilität). — **obscurus:** undeutlich, zurückhaltend. — **monumenta:** Bauten. Die Entschädigungssumme für seine zerstörten Villen stellte Cicero nicht zufrieden, aber er erhob keinen Einspruch. — **naufragium** (navis-frangere): Schiffbruch, Zerrüttung. — **minimi putare:** sehr gering schätzen. — **damnum sarcire:** einen Schaden (Verlust) wieder gutmachen. — **vi nefaria:** Neben Ciceros Haus auf dem Palatin befand sich eine Säulenhalle (porticus), die der Kimbernsieger Lutatius Catulus nach seinem Sieg bei Vercellä (101) hatte errichten lassen. Diese hatte Clodius zerstören lassen, um dort eine eigene Säulenhalle zu erbauen. Der Senat beschloß, das Gebäude des Clodius solle niedergerissen und die Porticus des Catulus wiederhergestellt werden. Am 3. November 57 vertrieben bewaffnete Banden des Clodius die Handwerker, zerstörten die weitgehend wiederaufgebaute Säulenhalle und steckten das Haus des Quintus Cicero in Brand.

6. praedicator: Lobredner. — **debēre:** verpflichtet sein. — **beneficio:** auf Grund eines Verdienstes, aus Dankbarkeit. Der Abl. causae ist hier nicht, wie sonst üblich, mit commotus, adductus o. ä. verbunden. — **iudicium:** Überzeugung. — **quidam:** geradezu, ganz. Dient zur Steigerung des Adjektivs. — **reputare:** berechnen, überlegen. — **quid ille vellet:** Gemeint ist die Leitung der Getreideversorgung Roms durch Pompeius (vgl. Brief 13,6).
In § 6 nennt Cicero zum ersten Mal den Namen des Pompeius, gegenüber dem er sich seit seiner Rückberufung aus dem Exil als Schuldner fühlt und den er in der Folgezeit von seiner dankbaren Gesinnung überzeugen möchte.

7. sedēre: vor Gericht sitzen (als Leumundszeuge). — **laudare:** (einem Angeklagten) ein günstiges Zeugnis ausstellen, für jemanden (einen Angeklagten) eine Rede halten. — **P. Sestius:** Um ein Gegengewicht gegen die Terrorbanden des Clodius zu bilden, hatten Sestius und sein Kollege Milo im Jahre 57 eine Schutzgruppe aufgestellt, wodurch es ihnen allmählich gelang, den Terror des Clodius zu brechen. Im Jahre 56 wurde Sestius de vi (wegen Gewaltanwendung) angeklagt. Cicero verteidigte ihn und erreichte einen Freispruch. Als Belastungszeuge war Vatinius aufgetreten, den Cicero in seiner Rede (interrogatio in testem Vatinium) scharf angriff. Darauf beziehen sich die folgenden Äußerungen des Vatinius. — **illi** = Cäsar; **ille** = Vatinius. — **dixi:** Diese Äußerung Ciceros fehlt in seinen Reden **pro Sestio** und **in Vatinium,** ein Zeichen dafür, daß die Reden vor der Veröffentlichung überarbeitet wurden. —**Bibulus:** vgl. zu Brief 10,3. — **adflictus:** unglücklich. — **interrogatio** sc. in Vatinium: Befragung. An seine Rede für Sestius schließt Cicero die Befragung des Hauptbelastungszeugen Vatinius an, eine heftige Invektive gegen den Tribun des Jahres 59, der ein eifriger Anhänger Cäsars war. — **reprehensio** (reprehendere): Tadel. — **de vi:** Bezieht sich auf die unruhige politische Lage im Juli 59, besonders auf die Vertreibung des Bibulus vom Forum (vgl. Brief 10,1 und Vat. 34). — **de auspiciis:** Vatinius hatte bei der Einbringung der Gesetze die Auspizien nicht beachtet. — **de donatione regnorum:** Ptolemaeus Auletes von Ägypten und Deiotarus von Galatia wurden im Jahre 59 als Könige anerkannt, eine Maßnahme, die Cicero durch das Wort donatio (= Verschleuderung) kritisiert.

8. **Marcellino et Philippo consulibus:** Konsuln des Jahres 56. — **ager Campanus:** Im Jahre 59, dem Konsulatsjahr des Cäsar und Bibulus, brachte Cäsar seine beiden Ackergesetze gegen den Widerstand des Senates durch (vgl. Brief 9,2). Cicero stellte am 5. Mai im Senat den Antrag, über Cäsars Campanisches Ackergesetz zu verhandeln. Durch diesen Angriff auf die Konsulatspolitik Cäsars versuchte Cicero einen endgültigen Bruch zwischen Cäsar und Pompeius herbeizuführen. — **causa:** Partei (der Triumvirn). — **arx** (metaphorischer Ausdruck): Zentrum. — **tempora:** Leidenszeit (das Jahr 58, das Jahr der Verbannung). — **actiones:** Amtstätigkeit, Wirksamkeit als Staatsmann. Hinweis auf sein glänzendes Konsulatsjahr 63. — **sententiam dicere:** einen Antrag stellen. — **animorum motum facere:** Aufregung verursachen. — **quorum oportuit:** u. a. Cäsar. — **quorum numquam putaram:** Vor allem bei Pompeius und seiner Umgebung.

9. **in Sardiniam et Africam:** In seiner Funktion als Getreidekommissar. Diese Reise war nur ein Vorwand, das wirkliche Reiseziel war Luca, wie Cicero später von seinem Bruder Quintus erfuhr. — **Luca:** Stadt in Etrurien. Dort fand im April 56 eine Konferenz der Triumvirn statt, die das Triumvirat erneuerten und die Machtbefugnisse für die nächste Zeit verteilten: Pompeius und Crassus erhielten das Konsulat des nächsten Jahres und die Provinzen Spanien (für Pompeius) und Syrien (für Crassus) zugesprochen, Cäsars Statthalterschaft in Gallien wurde auf weitere fünf Jahre verlängert. — **incendere:** aufhetzen. — **ex meo fratre:** Quintus war Legat des Pompeius. — **dependere:** bezahlen. — **spondēre:** sich verbürgen. Quintus hat wohl dem Pompeius versprechen müssen, daß sein Bruder nach seiner Rückkehr nichts gegen die Gesetzgebung der Triumvirn unternehmen werde. — **recipere:** eine Verpflichtung auf sich nehmen, sich verbürgen.

10. L. Vibullius Rufus: Offizier des Pompeius. — **sibi integrum reservare:** sich freie Hand lassen. Pompeius hatte sich inzwischen mit Cäsar und Crassus in Luca getroffen. Da Cicero wußte, daß Pompeius die Behandlung der kampanischen Frage nicht wollte, nahm er nicht an der Senatssitzung am 15. und 16. Mai teil. Schließlich wurde dieser Gegenstand dann überhaupt nicht mehr behandelt. — **se colligere:** in sich gehen. — **memor animus:** dankbare Gesinnung. — **bonus vir:** Ehrenmann. — **certorum hominum:** Die führenden Männer der Optimaten, Lucullus, Cato, Bibulus und Hortensius. — **inimicum:** Clodius. Er fand immer mehr Anschluß bei den Optimaten, die ihn unterstützten, weil er bei jeder Gelegenheit gegen Pompeius opponierte. — **meum — meum:** Der Typus der Selbstkorrektur ist ein Element des Briefstils. — **amplexari** (Intens. von amplecti): umarmen, ins Herz schließen. — **in manibus habere:** auf Händen tragen. — **osculari:** küssen. — **stomachus:** Magen, Ärger. — **rationes subducere:** die Rechnung ziehen, zusammenrechnen. — **summam facere:** das Fazit ziehen. Weil die Triumvirn, besonders Pompeius, Cicero die Rückkehr aus dem Exil ermöglicht haben, ist er von einem Gefühl der Dankbarkeit erfüllt. Aber nicht nur hieraus ist sein Stellungswechsel zu erklären. Auch seine Enttäuschung über die Unzuverlässigkeit der Nobilität spielt eine wichtige Rolle.

11. Cinneis temporibus: Cinna, der Konsul des Jahres 87 v. Chr., war zusammen mit Marius der Gegner Sullas im Bürgerkrieg. 86 nahm er mit Marius nach kurzer Belagerung Rom ein und errichtete ein grausames Schreckensregiment, dem viele politische Gegner zum Opfer fielen. Cicero charakterisiert im Brutus (227) die Zeit Cinnas mit folgenden Worten: sine iure fuit et sine ulla dignitate res publica. — **non nullis aliis:** Bezieht sich auf die Gracchen und den Volkstribun L. Appuleius Saturninus (103 und 100), der im Jahre 100 seine lex agraria mit Gewalt durchsetzte. — **in praetura:** Als Prätor hielt Cicero im Jahre 66 die Rede de imperio Cn. Pompei (pro lege Manilia), in der er den Gesetzesantrag des Volkstribunen C. Manilius befürwortete, Pompeius mit dem Oberbefehl gegen Mithridates und Tigranes zu betrauen und ihm die Provinzen Kilikien und Bithynien zu übertragen. Aber die Sympathie zu Pompeius scheint schon vor seiner Prätur bestanden zu haben, wie der Ausdruck **ab adulescentia** besagt. — **in consulatu:** Cicero hatte im Jahre 63 nach Beendigung des Mithridatischen Krieges ein zehntägiges Dankfest für Pompeius beantragt (vgl. zu Brief 5,1). — **studia:** Interessen. Bezieht sich auf seine Rückberufung aus dem Exil. — **meam voluntatem adgregare:** mit meiner Neigung sich anschließen, sich mit meiner Neigung richten nach.

12. Hatte Cicero bis § 11 Ende fast nur über Pompeius gesprochen, so wendet er sich jetzt seiner Freundschaft mit Cäsar zu, die sich nach seiner Meinung als logische Folgerung aus seiner Freundschaft mit Pompeius ergibt. — **sententia:** Gesinnung. — **complecti:** einschließen, berücksichtigen. — **litteris:** Bezieht sich auf Briefe, die Cäsar an Cicero schrieb. — **officium:** Gefälligkeit. Cäsar nahm während seines Prokonsulates in Gallien auf Empfehlung Ciceros verschiedene vornehme Römer in sein Gefolge. — **fides:** Bürgschaft. Vgl. zu § 9. — **apud Platonem:** Leg. 4,711 C. Das Zitat findet sich in ähnlicher Form noch bei zahlreichen Autoren. — **divinitus** (adv.): vortrefflich. — **fundamenta iacere:** die Fundamente legen. Cicero verwendet hier die Metapher im politischen Bereich. Zu Beginn seines Konsulates, im Januar 63, widersetzte sich Cicero erfolgreich dem Ackergesetz des Volkstribunen S. Rullus. — **Non. Dec.:** Am 5. Dezember stimmte der Senat für die Hinrichtung der Catilinarier. Die Senatoren werden hier als die Hauptverantwortlichen für den Hinrichtungsbeschluß gegen die Catilinarier hingestellt. — **ad Caesarem et Bibulum:** Das Jahr 59. Die Hinneigung zu Cäsar begründet Cicero mit seiner Freundschaft zu Pompeius, mit der allgemeinen Lage des Staates und mit der abweisenden Haltung der Nobilität.

13. postea: Im Jahre 58. — **Hispania citerior:** In dieser Provinz wurde Lentulus Spinther nach seiner Prätur (60 v. Chr.) Statthalter. — **mercatores:** Clodius gewann Piso und Gabinius, die Konsuln des Jahres 58, im Kampf gegen Cicero für sich, indem er ihnen die vorteilhaften Provinzen Mazedonien und Syrien zukommen ließ. — **minister:** Das Wort hat hier eine negative Nuance und bezeichnet die Konsuln als Helfershelfer des Clodius. — **casus:** Daß Cicero seine Verbannung durch freimütige Äußerungen (bei der Verteidigung des C. Antonius), durch die Ablehnung einer Legatenstelle bei Cäsar und seine schwankende

Haltung selbst verschuldet hat, will er nicht zugeben. Er stellt vielmehr die Verbannung als eine unglückliche Verkettung von Zufällen dar. — **certaminis causa**: Zankapfel. Anspielung auf Eris, die Göttin der Zwietracht, die nicht zur Hochzeit des Peleus und der Thetis geladen war und daher einen goldenen Apfel unter die Gäste warf mit der Aufschrift: „Der Schönsten". Hera, Athene und Aphrodite, die den Apfel für sich beanspruchten, gerieten dadurch in Streit. — **mirificus**: erstaunlich. — **exstare**: sich zeigen. — **non dicam, quid acciderit**: Ciceros Ausdrucksweise ist bewußt unbestimmt gehalten. Auch bei der Schuldfrage will er keinem eine eindeutige Verantwortung geben. — **ut**: konzessiv. — **qui reliquerunt**: Die Optimaten, besonders Pompeius. — **nostrum consilium**: Cicero stellt seinen Entschluß, in die Verbannung zu gehen, als lobenswerte Tat hin, durch die ein Blutvergießen vermieden worden sei. In seiner Rückberufung sieht er einen Beweis, daß der consensus bonorum wiederhergestellt sei. — **a me conservatos**: Durch die Unterdrückung der Catilinarischen Verschwörung. — **servis armatis**: Bezieht sich auf die bewaffneten Banden des Clodius.

14. nobilissimis hominibus: Die Führer der Optimaten. — **recreare**: sich erholen. — **constans**: unerschütterlich. Lentulus wurde trotz der langen Zeit der Verbannung nicht müde, sich für Cicero einzusetzen. — **ad causam adiungere**: sich einer Sache anschließen. — **honoribus ac iudiciis**: Im Jahre 57 beschloß der Senat auf Antrag Ciceros ein Dankfest von fünfzehn Tagen für Cäsar, dessen glänzende Erfolge nach zweijähriger Statthalterschaft allgemein anerkannt wurden.

15. furia: Furie, böser Dämon. Gemeint ist Clodius. Vgl. zu Brief 7,2. — **tres sorores**: Die Schwestern des Clodius hatten ebenfalls einen schlechten Ruf. — **tribunus plebis**: Milo hatte den Clodius im Jahre 57 de vi angeklagt. Sein Antrag wurde schließlich vom Senat abgelehnt. Am 22. Januar 56 wurde er zum Ädilen gewählt und entging so der Anklage. — **poenas persequi**: (gerichtlich) bestrafen. — **vindicare**: einschreiten gegen, bestrafen. — **monumentum**: Auf Beschluß des Senates wurde die Säulenhalle des Kimbernsiegers Catulus auf dem Palatin, die Clodius zusammen mit Ciceros Haus zerstört hatte, wieder aufgebaut. An diese Säulenhalle ließ nun Clodius mit Gewalt eine Inschrift mit seinem Namen anbringen, die offensichtlich noch eine Zeitlang dort blieb. — **manubiae, arum**: Kriegsbeute. Die Säulenhalle war aus dem Erlös der Kriegsbeute errichtet worden. — **locatio**: Verdingung. Cicero mußte im Auftrag des

Senates den Neubau an einen Bauunternehmer vergeben. — **cruentus:** blutig, mit Blutvergießen verbunden. — **alipta** (ἀλείπτης): Einsalber, Masseur. Ein Sklave, der seinen Herrn nach dem Bad abrieb und auch durch Diät für einen gesunden Körper sorgen mußte. — **Apelles:** Berühmtester Maler zur Zeit Alexander des Großen. — **summa pectoris** = summas partes pectoris. — **politus:** geschmackvoll, fein. — **caput:** Zunächst in wörtlicher, dann in übertragener Bedeutung (für die ganze bürgerliche und politische Existenz) gebraucht. — **elaborare:** sich bemühen um. Ciceros Kritik richtet sich auf die ungenügende materielle Wiedergutmachung.

16. Caecilius Metellus Numidicus: Konsul des Jahres 109 und Führer im Krieg gegen Jugurtha. Er war im Jahre 100 im Zusammenhang mit den Ackergesetzen des Saturninus verbannt worden. — **acer:** energisch, entschlossen. Das Adjektiv acer tritt bei Cicero häufig in Verbindung mit fortis auf. — **constantia:** Charakterfestigkeit. — **dictitare** (Freq. von dicere): wiederholt behaupten. — **animi alacritas:** Munterkeit, Fröhlichkeit. — **probare:** beweisen. — **M. Aemilius Scaurus:** Konsul 115, Censor 109, Vorkämpfer der Aristokraten. Cicero nennt ihn anerkennend (Sest. 101; de orat. 1,124), während Sallusts Urteil (Iug. 15,4) sehr negativ ist. — **abiectus:** entmutigt. — **tribunis plebis:** Q. Calidius. — **rogatio:** Antrag (in der Volksversammlung). Aufschlußreich ist Ciceros Vergleich mit berühmten Männern der römischen Geschichte, die sich in einer ähnlichen Situation wie er befunden haben. — **comitiis centuriatis:** Vgl. zu Brief 13,4 zu legem perferre. — **ferre: (sc. legem)** ein Gesetz beantragen. — **incumbere:** sich anstrengen, sich einsetzen. — **reciperare** = recuperare: wieder holen. Mit allen Mitteln der rhetorischen Dialektik versucht Cicero dem Adressaten seine Sicht der Verbannung und Rückkehr vor Augen zu stellen. Die Beschäftigung mit Schuld und Ursache seines Exils und seine äußerst ehrenvolle Rückberufung lassen die Zeit der Verbannung in einem ganz anderen Licht erscheinen.

17. adsumere: in Anspruch nehmen, sich anmaßen. — **alienior:** fernerstehend. Zu den Menschen, die ihm ferner stehen, gehört auch Vatinius. Cicero ist sich bewußt, daß die Hilfe für Vatinius auf Kritik stoßen werde. — **non obscure** (= Litotes): ganz offen. — **sententia:** Antrag. In der Rede de provinciis consularibus trat Cicero im Jahre 56 für die Verlängerung von Cäsars Statthalterschaft in Gallien ein. Es wurde außerdem auf Antrag Ciceros der Sold für die von Cäsar eigenmächtig ausgehobenen vier Legionen von der Staatskasse bewilligt. Dazu erhielt Cäsar zehn Legaten. — **desciscere:** abfallen, untreu werden. — **quasi:** Dieses Wort schwächt das Verbum desciscere ab; denn die abweisende Haltung der Nobilität ist für Cicero ein wichtiger Grund für seine Umorientierung. — **illa:** jene Überlegungen. — **de quo coeperam exponere:** § 12. — **offendere:** antreffen. — **sensus:** Gesinnung. — **confirmatus . . . recreatus:** Zusammenfassung von § 12—16. — **fronte atque vultu:** Sprichwort. — **sustinēre:** durchführen. — **tabella:** das Stimmtäfelchen, die Abstimmung. — Zur Rechtfertigung seiner politischen Wandlung führt Cicero die veränderte Haltung der Nobilität an. Die boni existierten nach Meinung Ciceros nicht mehr, und so konnte er von seinem Programm des consensus omnium Abstand nehmen. Ciceros Verhalten wird jedoch noch immer an den Leistungen seines glänzenden Konsulats gemessen. „Splendor und **species** (Ansehen und Glanz), die Cicero durch den Ruhm seines Konsulates und auch durch die Verbannung erlangt hat, haben eine Kehrseite: sie stehen wie eine glänzende Fassade vor dem Menschen mit seinen Sorgen und Nöten. Auch verlangen sie, sollen sie erhalten bleiben, dauernd eine entsprechende Haltung — „Wahrung des Gesichts". Diesem lastenden Anspruch scheint sich Cicero hier für einen Augenblick zu entziehen, indem er die „Haltung", die er sonst in dem Brief einnimmt, vergißt — oder, mit einem anderen Bild, die Rolle, die er spielt, einen Moment lang nicht durchhält. Die versteckte Bitte, Lentulus möge nicht nur an den Politiker, sondern auch an den Menschen Cicero denken, liegt auf ganz anderer Ebene als die übrige Darstellung, in der mit rationalen Mitteln der eigene Standpunkt geklärt und gerechtfertigt wird." (Lossmann 144)

18. Plato: Kriton 51 B. — **auctor:** Förderer, Vorbild. — **probare:** motivieren, überzeugen. — **ait:** Im 7. Brief 331 b ff. — **rei publicae attingere:** sich mit Politik befassen. — **offendere:** antreffen. — **desipiens:** unsinnig, verrückt. — **ratio:** Fall, Situation. — **integra re:** ungebunden. — **rem publicam capessere:** die politische Laufbahn einschlagen. — **implicatus:** verwickelt. — **in eadem causa:** Gemeint ist damit die Verlängerung der Statthalterschaft Cäsars. — **divinus:** unvergleichlich, außerordentlich. — **liberalitas:** wohlwollende Gesinnung, Freundlichkeit. — **a vobis:** Lentulus und Pompeius.

§ 18 gibt Cicero eine Rechtfertigung seiner Freundschaft mit Cäsar und führt auch die Gründe an, die ihn veranlaßt haben, auf die Seite Cäsars zu treten.

19. De: was betrifft. Leitet einen neuen Gedankenabschnitt ein. — **Vatinius:** Vgl. zu § 4. Cicero war nach dem Prozeß gegen Sestius (56) mit ihm verfeindet. Sein Eintreten für Vatinius im Jahre 54 erregte daher großes Aufsehen. Auch bei der Prätorenwahl im Jahre 55 hatte Cicero sich für Cato eingesetzt, während Pompeius dessen Mitbewerber Vatinius erfolgreich unterstützte. — **Appius:** Vgl. zu § 4. — **intercedere:** (vom Verhältnis zwischen zwei Personen) stattfinden. — **reditus in gratiam:** Aussöhnung. — **mira contentio:** erstaunliche Bemühung. — **laudare:** Vgl. zu § 7. — **reponere:** dieselbe Frage (statt einer Antwort) stellen. — **ex ultimis terris:** Spanien und Kilikien. — **Eunuchus:** In dieser Komödie des Terenz (440 ff.) rät der Parasit Gnatho dem Soldaten Thraso, seine Geliebte Thais dadurch eifersüchtig zu machen, daß er Pamphilia nenne, wenn Thais seinen Nebenbuhler Phaedria erwähne. — **comisari:** einen fröhlichen Umzug halten. — **mordēre:** kränken. — **inimicum meum:** Die Aristokraten, Ciceros bisherige Parteifreunde, hatten sich dem Clodius genähert, weil sie von ihm Hilfe gegen die Triumvirn erwarteten. Die Nobilität ärgerte sich ihrerseits darüber, daß Cicero ihren Feind Vatinius verteidigte. So schuf Cicero, der sich stets von Clodius bedroht fühlte, durch den Anschluß an Vatinius ein Gegengewicht. — **severe seducere:** zu ernster Beratung beiseite nehmen. — **Publium:** Clodius. Der Gebrauch des Pränomens ist hier ironisch. — **alium Publium:** Vatinius. — **repungere:** wiederstechen; **leviter repungere:** einen leichten Stich (Hieb) versetzen.

20. Nach der ausführlichen Rechtfertigung der Verteidigung des Vatinius schildert Cicero § 20 ebenso ausführlich seine Versöhnung mit Crassus. — **habes de:** Diese Wendung ist umgangssprachlich und dient der Zusammenfassung. — **Crassus:** Unter Sulla kämpfte er im Jahre 82 im Sklavenkrieg und beendete 71 den Krieg gegen Spartakus. Durch ungeheuren Reichtum, den er durch die Sullanischen Proscriptionen erworben hatte, gewann er großen Einfluß. Er war in den Jahren 70 und 55 mit Pompeius Konsul und schloß im Jahre 60 mit Cäsar und Pompeius das erste Triumvirat. Infolge seiner engen Verbindung zu Clodius, seines Widerstandes gegen Ciceros Rückkehr aus der Verbannung und wegen Ciceros Hinwendung zu Pompeius bestand schon seit langem zwischen ihnen ein gespanntes Verhältnis. Zum offenen Streit kam es, als Cicero in seiner Rede gegen Piso auch den Gabinius angriff, für den sich Crassus unter dem Einfluß des Pompeius einsetzte, nachdem er noch einige Tage vorher gegen ihn gesprochen hatte. Die plötzliche Änderung der Haltung des Crassus führte zu einem heftigen Zusammenstoß mit Cicero. — **gratia:** gutes Verhältnis. — **oblivione conterere:** vergessen. — **Gabinius:** Konsul des Jahres 58 und treuer Anhänger des Pompeius. Bei seiner Statthalterschaft in der Provinz Syrien geriet er in Konflikt mit den Steuerpächtern; auch der Senat tadelte seine Verwaltungstätigkeit sehr. — **contumelia:** Crassus nannte Cicero einen „exul". — **exardescere:** vor Zorn entbrennen. — **effundere:** aufgeben — **residuus:** zurückbleibend, übrig. — **libertas:** Freimütigkeit. Die Optimaten begrüßten Ciceros Vorgehen gegen Crassus, weil sie hofften, seine Freundschaft mit den Triumvirn sei zu Ende. — **temporum:** Cäsar und Pompeius übten Druck auf Cicero aus, so daß er sich ihren Forderungen fügen mußte und sich mit Crassus versöhnte. — **naturae:** Cicero spricht häufig davon, daß seinem Wesen Härte und Strenge fremd seien und daß er von Natur aus milde und versöhnlich sei. — **lares:** die Laren (römische und etruskische Schutzgottheiten), Wohnung, Haus. Crassus war ebenfalls daran interessiert, vor seinem Weggang in die Provinz Cicero nicht als Gegner in Rom zurückzulassen. So kam es im Hause von Ciceros Schwiegersohn Crassipes zur Versöhnung. — **in provinciam:** Crassus ging in die Provinz Syrien; von dort aus kämpfte er gegen die Parther bei Carrhae (53) und erlitt eine vernichtende Niederlage. Er selbst fiel im Kampf. — **condicere alicui:** sich bei jemandem einladen. — **magna illius commendatione:** Als man im Jahre 54 die Rückberufung des Crassus aus der Provinz forderte, sprach Cicero für den abwesenden Prokonsul. — **fides:** Versprechen.

21. §§ 21 und 22 sind eine kurze Zusammenfassung der wichtigsten Argumente. Cicero betont, daß sein Anschluß an die Triumvirn auf seinem freiwilligen Entschluß beruhe. Für den Staat und ihn selbst sei es am besten, sich der veränderten Lage anzupassen. Auch das Verhalten der Optimaten und das Bemühen Cäsars, mit dem er durch seinen Bruder Quintus persönlich verbunden war, haben seine Meinungsäußerung mitbestimmt. — **causam defendere:** einen Prozeß führen (die Verteidigung des Vatinius). — **rem publicam capessere:** sich mit Politik beschäftigen. — **statuere:** glauben. — **integra:** Vgl. zu § 18. Die folgenden Aussagen gibt Cicero nicht ohne Grund im Irrealis wieder. — **summi cives:** die Machthaber (Triumvirn). — **converti:** sich ändern. — **temporibus adsentiri:** sich in die Zeit schicken, sich den Zeitumständen fügen. — **praestans:** sich auszeichnend. Der Dat. (auctoris) steht für a c. abl. — **tempestati obsequi**: sich nach dem Wetter richten. Die folgende Metapher soll die Richtigkeit seiner Meinungsänderung verdeutlichen und den Vorwurf einer allzu kompromißbereiten Annäherung entkräften. Vgl. Balb. 61 (aus dem Jahre 56): neque me dissensioni meae pristinae putavi potius adsentiri quam praesentibus rei publicae temporibus et concordiae convenire. Non idem aliis videtur; sunt fortasse in sententia firmiores. Reprendo neminem, sed adsentior non omnibus; neque esse inconstantis puto sententiam tamquam aliquod navigium atque cursum ex rei publicae tempestate moderari. Vgl. auch Planc. 94 (aus dem Jahre 54): An, cum videam navem secundis ventis cursum tenentem suum, si non eum petat portum quem ego aliquando probavi, sed alium non minus tutum atque tranquillum, cum tempestate pugnem periculose potius quam illi, salute praesertim proposita, obtemperem et pareram? Ego vero haec didici, haec vidi, haec scripta legi; haec de sapientissimis et clarissimis viris et in hac re publica et in aliis civitatibus monumenta nobis et litterae prodiderunt, non semper easdem sententias ab isdem, sed quascumque rei publicae status, inclinatio temporum, ratio concordiae postularet, esse defensas. — **rem publicam gubernare**: den Staat leiten. Der Staatsmann wird mit dem Steuermann eines Schiffes verglichen. Die Römer (besonders Cicero) haben viele Bilder und Metaphern des Seewesens von den seefahrenden Griechen übernommen. Diese Schiffahrtsmetaphern werden auf die verschiedenen Gebiete des Lebens übertragen und sind wichtige Ausdrucksmittel. — **velificatio**: das Segeln. — **cum dignitate otium**: Muße (= Ruhe und Ordnung) in Verbindung mit Ansehen. Vgl. Cic. Sest. 98: Quid est igitur propositum his rei publicae gubernatoribus quod intueri et quo cursum suum dirigere debeant? Id quod est praestantissimum maximeque optabile omnibus sanis et bonis et beatis, cum dignitate otium. — **a me saepissime dictum est**: Z. B. Sest. 98 (im März 56). — **solutissima**: vgl. integra ac libera. — **beneficium**: Bemühung, Freundlichkeit (von seiten des Pompeius und Cäsar). — **iniuriae**: Die Intrigen der Optimaten und die Feindschaft des Clodius. — **ratio**: Interesse. — **conducere**: zuträglich sein. — **intercessit**: Vgl. § 19. — **illustris gratia**: deutliche Anerkennung. — **devinciri**: sich verpflichtet fühlen. Solche oder ähnliche Hinweise auf Cäsars zuvorkommende Behandlung finden sich häufig in Ciceros Briefen. — **hominum perditorum**: Besonders des Clodius.

22. consilium: Grundsatz. — **suffusus:** vermischt. — **simplex:** ehrlich.

17. Mahnung an Curio (fam. 2,4)

Im Jahre 53 (erste Hälfte) richtete Cicero von Rom aus einen Brief an C. Scribonius Curio (geb. ca. 84), der als Quästor in der Provinz Asia tätig war. Der Brief ist besonders durch die theoretischen Bemerkungen über das Briefschreiben, speziell über die Einteilung der verschiedenen Briefarten, die Cicero uns mitteilt, interessant.

Der adhortative Charakter des Briefes läßt das Anliegen Ciceros vermuten, der den jungen begabten, leichtsinnigen und politisch unzuverlässigen Curio für die Senatspartei gewinnen möchte. Curio war im Jahre 59 als ein erbitterter Gegner Cäsars aufgetreten, als Volkstribun ließ er sich im Jahre 50 für Cäsar gewinnen, der seine großen Schulden bezahlte.

1. certus: sicher, echt. — **res ipsa:** das Briefschreiben. — **nostrā interest:** es liegt in unserem Interesse. — **scriptores:** Berichterstatter. Es sind Leute, die regelmäßig berichten, im Gegensatz zu **nuntii,** die mehr zufällig Nachrichten übermitteln. — **familiare et iocosum** (sc. genus): vertraulich — scherzhafte Gattung. — **severum et grave** (sc. genus): ernste, würdevolle Gattung. — **iocari:** scherzen. — **temporibus his:** In Rom herrschte in der ersten Hälfte des Jahres 53 ein allgemeines Chaos. Es gab keine Konsuln und Prätoren. Lediglich die Volkstribunen übten ihr Amt aus, allerdings machten sie durch ihr Veto gegenseitig ihre Anträge unwirksam. — **atqui:** freilich. — **causa:** Sachlage. Die politischen Zustände dieser Zeit spiegeln sich auch in Ciceros Worten wider: Die Furcht, sich frei auszusprechen, führt zu allgemeinen Formulierungen, die seine wahre Meinung bewußt verhüllen, so daß das Wesentliche unausgesprochen bleibt.

2. argumentum: Gegenstand, Stoff. — **clausula:** Schluß, Schlußwort (in einem Bühnenstück). — **adversaria:** Gegnerin. Metapher aus dem militärischen Bereich. Die Erwartung, die man nach den bisher gezeigten Leistungen in Curio setzt, wird gleichsam zu einer Gegnerin, der er sich im Kampfe stellen muß. Auch in seinem Brief an seinen Bruder Quintus (Q. fr. 1,1,3) äußert sich Cicero ähnlich: Ac si te ipse vehementius ad omnes partes bene audiendi excitaris, non ut cum aliis, sed ut tecum iam ipse certes, si omnem tuam mentem, curam, cogitationem ad excellentem in omnibus rebus laudis cupiditatem incitaris, mihi crede, unus annus additus labori tuo multorum annorum laetitiam nobis, gloriam vero etiam posteris nostris adferet. Vgl. auch Plin. epist. 8,24,8 f.: Accedit, quod tibi certamen est tecum: onerat te quaesturae tuae fama ... Quo magis nitendum est. — Auch bei Quintus und dem Statthalter Maximus (bei Plinius 8,24) berechtigt die bisherige Ämterlaufbahn zu hohen Erwartungen, die aber zu einer belastenden Verpflichtung werden, da eine weitere Bewährung nur durch gesteigerte Anstrengungen und Verdienste möglich ist. — **quaedam:** ganz. Dient zur Verstärkung des Adjektivs. — **vincere:** übertreffen. — **statuere:** sich vornehmen. — **laudes:** Verdienste, Ruhmestaten. — **adamaris** = adamaveris. — **adamare:** lieb gewinnen, erstreben. — **laborare:** sich bemühen um. — **attingere:** berühren, erwähnen. — **testificari** (testis-facere): bezeugen, beweisen.

V. Cicero als Prokonsul in der Provinz Kilikien

18. Vor dem Aufbruch in die Provinz (fam. 3,2)

Cicero löste im Jahre 51 den Ap. Claudius Pulcher als Statthalter der Provinz Kilikien ab. Den Imperatortitel, mit dem Cicero ihn anredet, hatte er sich durch einen Feldzug gegen die Bergvölker seiner Provinz erworben.

Der Brief Ciceros (im März 51 aus Rom geschrieben) zeichnet sich durch einen sehr höflichen Ton aus; nach der Ankunft in Kilikien aber mußte Cicero schon bald erkennen, daß Claudius Pulcher, einer der einflußreichsten Optimaten, die Provinz ausgebeutet und mit großer Willkür geherrscht hatte.

1. **contra voluntatem**: Cicero übernahm ungern die Verwaltung der Provinz Kilikien, weil sie für ihn eine längere Abwesenheit vom politischen Leben in Rom, vom Forum und Senat bedeutete, zumal in einer kritischen politischen Lage: Denn nach der Niederlage der Römer bei Carrhae (53) und dem Tod des Crassus standen neue Kämpfe mit den Parthern bevor. In der Innenpolitik hatte sich die Situation so geändert, daß sich Pompeius seit dem Jahre 52 wieder den Optimaten genähert hatte. Sein Verhältnis zu Cäsar jedoch hatte sich nach dem Tod seiner Frau Julia, der Tochter Cäsars, verschlechtert. — **praeter opinionem**: wider Erwarten. Cicero, der nach seiner Prätur und seinem Konsulat auf die Verwaltung einer Provinz verzichtet hatte, mußte nun plötzlich durch einen Senatsbeschluß vom Februar 51 die Provinz Kilikien übernehmen. Der Senatsbeschluß bezog sich auf die lex Pompeia de iure magistratuum aus dem Jahre 52, nach der zuerst *die* Beamten bei der Verteilung der Provinzen berücksichtigt werden sollten, die in früheren Jahren noch keine Statthalterschaft innegehabt hatten. — **cum imperio**: mit einem Kommando (Oberbefehl). Cicero hatte in Kilikien den Oberbefehl über 12 000 Fußsoldaten und 2 600 Reiter. — **molestiae**: Ärger. — **amicior**: freundlicher gesinnt. — **aptus explicatusque**: in bester Ordnung. — **de mea voluntate**: Der Statthalter, der die Provinz verließ, war auf das Urteil seines Nachfolgers angewiesen. Dieser konnte z. B. bei Willkürmaßnahmen seines Vorgängers eine Anklage durch die Provinzbewohner fördern. Gerade in der Zeit der späten Republik war ja die Zahl der Repetundenprozesse sehr groß. Aber auch dem Nachfolger konnten mannigfache Schwierigkeiten aus einer schlechten Verwaltung seines Vorgängers

erwachsen. — **maximo opere:** Gehört zu **quaeso et peto.** — **coniunctio:** Verbundenheit. Cicero und Appius waren Mitglieder des Augurenkollegiums. — **rationes:** Interessen.

2. provinciam habere: die Provinz verwalten. — **quod:** Einschränkendes Relativpronomen (mit Indikativ). — **expeditus** (vgl. § 1). — **quasi:** Mildert die etwas ungewöhnliche Metapher, die von der Rennbahn entnommen ist. — **decursus:** das Durchlaufen einer Rennbahn, das Durchlaufen eines Amtes. — **tempus:** Amtszeit. — **in eo genere:** in dieser Hinsicht. — **tui consilii est:** es liegt in deinem Ermessen. — **verba** sc. multa.

19. Ciceros Sehnsucht nach Rom (fam. 2,12)

Ende Juni des Jahres 50, etwa einen Monat vor Ende seiner Statthalterschaft, richtet Cicero aus seinem Feldlager in Kilikien an M. Caelius Rufus die Bitte, ihm die neuesten Ereignisse aus Rom mitzuteilen. Während Ciceros Amtstätigkeit hatte Caelius Rufus in regelmäßigen Berichten die Neuigkeiten der römischen Tagespolitik mitgeteilt, jedoch scheinen die Berichte in letzter Zeit spärlicher geworden zu sein.

1. tumultuosus: unruhig, lärmend. — **contio:** Vgl. zu Brief 4,3; Die Volksversammlungen waren vom Volkstribunen Scribonius Curio einberufen worden. Vgl. Einl. zu Brief 17. — **Quinquatrus, uum. f.:** ein Fest zu Ehren der Minerva (vom 19.—23. März). — **molestus:** unangenehm. — **adferre:** melden. — **citeriora:** das (zeitlich) Näherliegende, die späteren Ereignisse. — **non audeo:** Cicero äußert sich mit Absicht hier sehr zurückhaltend; denn wegen der unsicheren Lage und der weiten Entfernung konnte ein Brief leicht in falsche Hände geraten. — **hospes:** der Fremde.

2. Diogenes: Griechischer Freund des Caelius. — **Philo:** Freigelassener des Diogenes. — **Pessinus, ntis:** Stadt in Galatien. — **Adiatorix:** Ein galatischer Fürst. Die Galater, eine keltische Völkerschaft, waren im 3. Jahrhundert v. Chr. eingewandert. — **nec benigna nec copiosa:** weder zuvorkommend noch wohlhabend. — **urbem:** Der doppelte Ausruf gibt Ciceros Sehnsucht nach der Hauptstadt wieder. — **lux:** Glück. Metaphorischer Gebrauch von **lux** für das Leben in der Stadt Rom. Dazu steht das Leben in der Fremde in starkem Gegensatz. — **peregrinatio:** der Aufenthalt in der Fremde. — **obscurus:** unbedeutend, armselig. — **probe:** ganz gut. — **mehercule:** Die umgangssprachliche

Beteuerungsformel drückt hier Ciceros starke innere Bewegtheit aus. — **ambulatiuncula** (ambulatio): kleiner Spaziergang. — **conferre cum**: vergleichen mit.

3. integritas: Uneigennützigkeit. — **propediem**: nächstens. — **triumphus**: Cicero war nach seinem Sieg gegen die Bergvölker von seinen Soldaten bei Issos, dem historischen Ort der Alexanderschlacht, zum Imperator ausgerufen worden. Einen Triumph konnten nur das Volk bzw. der Senat gewähren.

20. Cato lehnt eine Auszeichnung für Cicero ab (fam. 15,5)

Nachdem das Heer Cicero nach einem siegreichen Feldzug gegen die Bewohner des Amanusgebirges zum Imperator ausgerufen hatte, hoffte er auf die Bewilligung eines Dankfestes bzw. eines Triumphes durch den Senat. Daher schrieb er Ende 51 aus Tarsus an Cato einen ausführlichen Bericht über seine Leistungen als Statthalter und Feldherr (fam. 15,4), ohne allerdings die Worte triumphus und supplicatio (Dankfest) ausdrücklich zu nennen. Der Senat beschloß im April des Jahres 50 ein Dankfest, aber Cato stimmte gegen den Antrag.
In einem kurzen Brief (fam. 15,5; Ende April/Anfang Mai aus Rom) begründet Cato in höflicher Form seine ablehnende Haltung gegen den Antrag. Dabei wiederholt er die lobenden Worte, mit denen er im Senat Ciceros vorbildliche Statthalterschaft gewürdigt hatte.

1. hortari: Mit doppeltem Akkusativ (der Person und Sache) gebraucht. — **innocentia**: Rechtschaffenheit, Uneigennützigkeit. — **in maximis rebus**: Bei der Verschwörung des Catilina im Jahre 63. — **togati, armati**: Appositionsgenitiv zu **tuam**. — **domi togati**: zu Hause im Frieden (toga = Kleid des römischen Bürgers im Frieden). — **armati foris**: außerhalb der Stadt im Kriege. — **industria**: Energie. — **administrare**: tätig sein, wirken. — **pro meo iudicio**: nach meiner Überzeugung. Steht betont am Anfang und leitet die Begründung seiner ablehnenden Haltung ein. — **innocentia**: Korrektheit. — **consilium**: besonnenes Verhalten. — **Ariobarzanes**: Romfreundlicher König von Kappadozien, den Cicero gegen Feinde im Innern seines Königreiches unterstützte. — **revocare**: wiederherstellen, verwandeln. — **studium**: Sympathie. — **voluntas**: Gesinnung. — **decretum**: das Eintreten, die Stellungnahme.

2. supplicatio: Dankfest für die Götter. — **fortuito** sc. factum est. — **ratio** Klugheit. — **continentia:** Selbstbeherrschung. — **gratulari:** danken. — **praerogativa, ae** (Ursprünglich die Centurie, die bei den Komitien zuerst abstimmte, und daher oft entscheidend war): die günstige Vorbedeutung. — **acceptum referre** (Metapher aus dem Geschäftsleben): als Einnahme eintragen, verdanken. — **casus:** Zufall. — **potius mavis:** Pleonasmus. — **neque supplicationem:** Davor ist scito zu ergänzen. — **mansuetudo:** Milde. Die mansuetudo ist das Charakteristikum des idealen Statthalters, der das Wohl der Untertanen als Maßstab seines Handelns ansieht. Die Praxis der Provinzverwaltung lehrt, daß der gute Statthalter die Ausnahme, der schlechte die Regel war.

3. benignitate deorum: Cato glaubte als Stoiker an eine göttliche Vorsehung. Das Einwirken der Götter steht hier im Gegensatz zu den persönlichen Verdiensten des Imperators. Jede Anerkennung einer göttlichen Mitwirkung würde die persönlichen Leistungen vermindern. — **sententiā censēre:** durch die Abstimmung zum Ausdruck bringen.

3. pluribus sc. verbis: Im Verhältnis zu Ciceros ausführlichem Brief (fam. 15,4) ist Catos Antwort recht kurz. — **maiestas:** Ansehen, Würde. — **iter instituere:** einen Weg einschlagen. — **severitas:** Strenge.

VI. Cicero vom Ausbruch des Bürgerkrieges bis zur Schlacht bei Pharsalus

21. Cicero zwischen Cäsar und Pompeius (Att. 8,3)

Am 10./11. Januar 49 überschritt Cäsar mit einer Legion den Rubico, die Grenze seiner Provinz Gallia Cisalpina, und eröffnete dadurch den Bürgerkrieg. Pompeius und der Senat verließen überstürzt die Hauptstadt Rom und zogen sich nach Unteritalien zurück, wo sich die Streitkräfte in Luceria sammelten. Obwohl Cicero über den Rückzug des Pompeius sehr enttäuscht war, folgte er aber dennoch mit seinem Bruder Quintus der Aufforderung, nach Luceria zu kommen. In der Meinung, der direkte Weg dorthin sei durch Cäsars Truppen besetzt, kehrte er nach Formiä zurück. Von seinem Landgut bei Cales, nicht weit von Capua, schreibt er dann am 19. Februar an Atticus, schildert ihm seine Situation und bittet ihn um Rat, welcher Partei er sich anschließen solle.

1. coram: persönlich. — **deliberare** (libra-Waage): abwägen, überlegen, beratschlagen. — **deliberatio omnis haec est:** es dreht sich dabei allein um die Frage. — **in utramque partem:** nach beiden Seiten, dafür und dagegen (für einen Anschluß an Pompeius oder Cäsar).

2. salus: das bürgerliche Wohl. Pompeius hatte sich große Verdienste bei Ciceros Rückberufung aus dem Exil und bei der Wiederherstellung seiner politischen Existenz erworben. — **familiaritas:** Freundschaft. Cicero nennt also zwei Hauptgründe, die für ein weiteres Verbleiben an der Seite des Pompeius sprechen. Der zweite Hauptgrund wird mit den Worten ipsa rei publicae causa angegeben. — **comitatus, us:** Begleitung, Gesellschaft. — **unius** = Caesaris. — **significare** (signum): anzeigen, zu erkennen geben. — **ut esset** sc. nobis amicus. — **tute:** verstärktes tu. — **tute scis:** Durch diese Formulierung will Cicero an das Erinnerungsvermögen des Atticus appellieren und dadurch den engen Kontakt herstellen. — **suspicio:** die Vermutung, Ahnung. — **tempestas:** Metapher aus der Seefahrt. — **multo ante provisum:** Schon im Jahre 56, nach der Erneuerung des Triumvirates in Luca, war Cicero auf die Seite der Triumvirn getreten. Außerdem hatte er beantragt, daß Cäsar den Sold für die eigenmächtig ausgehobenen Legionen aus der Staatskasse erhielt und ihm zehn Legaten bewilligt wurden. In der Rede de provinciis consularibus trat er für eine Verlängerung der Statthalterschaft Cäsars in Gallien ein. — **exploratus**: gewiß, sicher. — **esse in urbe**: in der Stadt bleiben. — **imperia**: Kommandostellen. — **sacerdotium amplissimum**: angesehenes Priesteramt. Cicero war nach dem Tode des Crassus im Jahre 53 zum Augurn gewählt worden. — **periculum est**: A.c.i. statt des sonst üblichen ne. — **dedecus, oris**: Schande. Cicero ist der Auffassung, unter der Herrschaft Cäsars werde er in Rom ohne jeden politischen Einfluß sein. Sollte aber Pompeius wieder an die Macht kommen, gerate er in eine peinliche Lage. — **rem publicam recuperare**: die Macht im Staate wiedererlangen.

3. **nihil**: Durch die dreifache Anapher betont Cicero seine Unzufriedenheit mit dem Verhalten des Pompeius. — **auctoritas**: Einfluß. Empfehlung. — **omitto**: Die Stilfigur der praeteritio(omissio) lenkt die Aufmerksamkeit in besonderer Weise auf das Versagen des Pompeius. — **illa vetera**: jene alten Geschichten. — **istum** = Caesarem. — **ille** = Pompeius. — **aluit, auxit, armavit**: Klimax und Alliteration. — **legibus ferendis auctor**: er trat dafür ein, Gesetze durchzubringen. Gedacht ist in erster Linie an die lex agraria des Jahres 59, wodurch die Veteranen des Pompeius abgefunden wurden. — **contra auspicia**: Cäsar ignorierte die Auspicien, die sein Mitkonsul Bibulus angestellt hatte. — **adiunctor** (adiungere): der hinzufügte. Im Jahre 59 ließ sich Cäsar durch die lex Vatinia des Volkstribunen P. Vatinius Gallia Cisalpina und Illyricum auf fünf Jahre übertragen. Der Senat bewilligte dann noch zusätzlich auf Antrag des Pompeius das jenseitige Gallien. — **gener**: Pompeius hatte im Jahre 59 Cäsars Tochter Julia geheiratet. Sie starb im August 54. — **in adoptando P. Clodio augur**: Als sich Ciceros Todfeind Clodius von einem Plebejer adoptieren ließ, um Volkstribun zu werden, wirkte Pompeius bei dieser Zeremonie als Augur mit. — **studiosior**: Pompeius verhielt sich bei der Verbannung Ciceros im Jahre 58 sehr passiv, setzte sich aber für seine Rückberufung (57) persönlich ein. — **propagator** (propagare — verlängern): Im Jahre 55 verlängerten die Konsuln Pompeius und Crassus Cäsars Statthalterschaft auf weitere fünf Jahre. — **absentis** = Caesaris. — **tertio consulatu**: Im Jahre 52 war Pompeius zum drittenmal Konsul (consul sine collega). — **etiam**: auch noch. — **defensor**: Pompeius hatte sich den Optimaten wieder genähert. — **absentis ratio**: Cäsar hatte im Jahre 52 mit Zustimmung des Pompeius das Vorrecht erhalten, sich in Abwesenheit um das Konsulat zu bewerben.

Ein Gesetz des Pompeius verbot später eine Bewerbung in Abwesenheit; durch eine Zusatzklausel wurde bestimmt, daß dieses Gesetz nicht auf Cäsar angewendet werden solle. — **Marcoque Marcello:** Der Konsul M. Claudius Marcellus wollte im Jahre 51 im Senat erreichen, daß Cäsar am 1. März 49 als Provinzstatthalter abgelöst werden solle. Diesem Bestreben widersetzte sich Pompeius. — **finienti:** Das Partizip drückt einen Versuch aus. — **foedus:** schändlich. — **hōc . . . discessu:** Abl. comparationis. Pompeius verließ am 17. Januar die Stadt Rom. — **quid foedius, quid perturbatius:** Diese Wendung stellt eine affektische Übertreibung dar, durch welche Cicero eine besondere Steigerung der Wirkung erreichen will. Cicero stellt den Entschluß des Pompeius als absolut verwerflich hin: Die Aufgabe Roms bedeutet in seinen Augen eine Aufgabe der res publica. — **condicio:** Cäsar hatte Ende 49 Pompeius verschiedene Bedingungen gestellt: Pompeius sollte nach Spanien gehen, die Aushebungen sollten eingestellt und die Truppen in Italien entlassen werden. — **hōc** (abl. comp.): als unser jetziger Zustand.

4. at recuperabit: Fingierter Einwand gegen eine allzu pessimistische Beurteilung der Lage. — **quid ad eam spem parati (Gen.):** Welche Vorbereitungen berechtigen zu dieser Hoffnung? — **ager Picenus:** Die Landschaft südlich von Ancona. — **patefactum:** Die Via Cassia und die Via Flaminia, wichtige Verbindungsstraßen zum Norden, waren nicht besetzt. — **pecunia omnis:** Man hatte bei der überstürzten Flucht die Staatskasse in Rom zurückgelassen. — **causa:** Programm. Pompeius hatte kein richtiges Programm, mit dem er die Massen begeistern konnte. — **vires:** Streitkräfte, Truppen. — **sedes:** Sammelplatz (für die Soldaten). — **inanis:** leer, menschenleer, dünn besiedelt. — **impetus:** Kriegsschauplatz. — **maritima opportunitas:** die günstige Verbindung zum Meer (vor allem nach Brundisium). — **capere:** übernehmen. Pompeius betraute Cicero mit dem Oberbefehl über Capua. — **ordines:** Senatoren und Ritterstand. — **dolor:** Unwillen, Erbitterung. Die Reaktion der Bürger über Cäsars Vorgehen bzw. über die kritische Lage ist für Cicero enttäuschend. Er fühlt sich daher auf aussichtslosem Posten, denn die Einwohner von Capua stehen der Sache des Pompeius teils gleichgültig (Ritter und Senatoren), teils reserviert (Privatleute und boni) gegenüber, während die große Masse sich zu Cäsar, dem Führer der Popularen, hingezogen fühlt. — **hebes, etis:** matt. — **propensus:** geneigt, zugetan. — **ipsi** = Pompeio. — **sine praesidio:** ohne Truppen.

5. **habui nihil negotii**: ich hatte nicht zu tun. — **Luceria**: Stadt in Apulien, Hauptquartier des Pompeius. — **inferum mare**: das Tyrrhenische Meer. Der kürzeste Weg über die Via Appia war angeblich von Cäsar besetzt, und so mußte Cicero um die Südspitze Italiens herumfahren. — **age iam**: und weiter (leitet einen neuen Gedanken ein). — **cum fratre**: Quintus Cicero war Cäsars Legat in Gallien gewesen. — **illius** = Caesaris. — **popularis**: volkstümlich. Cicero glaubt, Cäsar mache sich beim Volk populär, wenn er gegen ihn, der die Catilinarier habe hinrichten lassen, vorgehe. — **compes, edis**: Fußfessel. — **fasces laureati**: Cicero wollte nach seiner Rückkehr aus Kilikien seine Hoffnungen auf einen Triumph nicht aufgeben. Daher behielt er die zwölf Lictoren mit den lorbeergeschmückten Rutenbündeln bei sich. Bei einem Verlassen Italiens würde er diesen Anspruch verlieren. — **ut**: gesetzt den Fall, daß. — **placati fluctus**: ruhiges Meer. — **ad illum** = ad Pompeium.

6. **restare**: zurückbleiben. — **hac parte**: auf dieser Seite, bei dieser Partei (bei Cäsar). — **in Cinnae dominatione**: Im ersten Bürgerkrieg (Cinna/Marius gegen Sulla) hatten die ehemaligen Konsuln L. Marcius Philippus (cos. 91), L. Valerius Flaccus (cos. 100) und Q. Mucius Scaevola (cos. 95) bei der Eroberung Roms (87) durch Cinna und Marius die Stadt nicht verlassen, während ein großer Teil der senatorischen Partei zu Sulla geflüchtet war. Scaevola wurde im Jahre 82 von seinen Gegnern getötet, Philippus und Flaccus hatten sich noch rechtzeitig wieder zu Sulla begeben. — **cadere**: ausgehen, verlaufen. — **Thrasybulus**: Athenischer Feldherr und Staatsmann, der 404 vor den Dreißig Tyrannen nach Theben floh. — **ratio atque sententia**: die Überlegung und Erklärung. — **quaedam** steigert das Adjektiv **certus**: gut begründet. — **tempori servire**: sich nach den Zeitumständen richten. — **non amittere tempus**: den rechten Augenblick nicht versäumen. — **amicus, a, um**: freundlich gesinnt. — **deferre**: bewilligen. — **non accipere** sc. vereor. — **invidiosus**: verhaßt. — **inexplicabilis**: unentwirrbar, unüberwindlich. — **existimaris** = existimaveris. — **verbosus** (verbum): wortreich, ausführlich erörtert. — **verus**: vernünftig, richtig. — **Caieta**: Cicero befand sich auf seinem Landgut bei Cales, von wo er die Hafenstadt Caeta (an der Grenze von Latium und Kampanien) gut erreichen konnte.

7. **Calenum** sc. agrum: Landgut bei Cales. — **ad Corfinium** sc. esse. Corfinium war eine stark befestigte Stadt in Samnium. — **Domitius Ahenobarbus**: Konsul 54. Er mußte nach siebentägiger Belagerung Corfinium übergeben, weil Pompeius ihn nicht unterstützte. Pompeius hatte zu diesem Zeitpunkt schon den Plan gefaßt, Unteritalien aufzugeben. — **committere:** es soweit kommen lassen. — **Scipio:** P. Cornelius Scipio (cos. 52) war der Schwiegervater des Pompeius. — **Fausto** (dat. auct.): Faustus war der Sohn des Diktators Sulla und Schwiegersohn des Pompeius. — **ad consules:** Die Konsuln befanden sich bei Pompeius in Brundisium. — **Afranius:** Legat des Pompeius, der sich mit einem Heer in Spanien aufhielt. Daß er **Trebonius,** einen Legaten Cäsars, besiegt hatte, entsprach nicht den Tatsachen. — **C. Fabius:** Legat Cäsars. — **summa** sc. spes. — **adventare** (Intens v. advenire): rasch heranrücken. Auch diese Nachricht erwies sich als Gerücht. — **Capua:** Hauptstadt Kampaniens. — **Lepta:** Freund Ciceros, der während seiner Statthalterschaft praefectus fabrum in Kilikien gewesen war. — **incidere** sc. in hostes. — **Formiae:** Dort besaß Cicero ebenfalls ein Landgut. — **misi, reverti:** Tempora des Briefstils; i. D. durch Präsens oder Futur zu übersetzen. — **sedatus:** ruhig, gelassen. — **interponere:** einschieben, äußern.

22. Kritik an Cäsar und Pompeius (Att. 8,11)

Durch den Abzug des Pompeius aus Rom und seine Absicht, nach Griechenland überzusetzen, ist Ciceros Vertrauen in Pompeius sehr erschüttert. Er befürchtet eine Wiederholung der Sullanischen Schreckensherrschaft, die er noch selbst miterlebt hat. Daher ist er um einen Ausgleich der Gegensätze bemüht. Sein Brief vom 27. Februar 49 — von seinem Landgut bei Formiä geschrieben — macht deutlich, daß er zwischen Pompeius und Cäsar schwankt und versucht, sich Rechenschaft über seine Lage zu geben und einen festen Standpunkt zu gewinnen. Dabei dient ihm die Beschäftigung mit griechischen Philosophen als Orientierung. Ihre Lehren sind der Maßstab, an dem er das Verhalten des Pompeius und Cäsar mißt. Beide, so glaubt er fest, streben nur nach der Gewaltherrschaft: dominatio quaesita ab utroque est (§ 2).

1. animi motus: Aufregung. — **perturbare:** aus der Fassung bringen. — **levare** (levis): erleichtern, erträglicher machen. — **constitit consilium:** der Entschluß steht fest. — **explicare:** bewerkstelligen, ausführen. — **dedecori esse:** Schande machen. — **studia:** Studien, philosophische Studien. Es geht hier um die Glaubwürdigkeit seiner in den philosophischen Schriften geäußerten Ansichten. — **nostris libris:** de re publica. — **vis:**

Macht, Wesen. — **exprimere:** anschaulich beschreiben, genau darstellen. In dem Werk de re publica, das er im Jahre 51 veröffentlichte, versuchte Cicero aus philosophischer Sicht die beste Verfassung und den besten Staatsmann darzustellen. — **tenere:** sich vorstellen, begreifen. — **moderator:** Lenker, Leiter. — **referre:** auf etwas beziehen, bemessen, beurteilen. — **Scipio:** Scipio Africanus (cons. 205 und 214), Sieger über Hannibal bei Zama (202). — **proponere:** zur Aufgabe machen. — **opes:** Macht. — **copiae:** Mittel. — **locuples:** gut versehen mit, reich. — **amplus:** angesehen. — **perfector:** Vollender.

2. **ab utroque:** Von Cäsar und Pompeius. — **id agere:** darauf ausgehen. Das Bild, das Cicero in de re publica vom idealen Staatsmann zeichnet, steht in explizitem Gegensatz zu Cäsar und Pompeius, denen er die Eigenschaften eines wahren Staatslenkers abspricht. — **ille** = Pompeius. — **omnes terras, omnia maria movere** (sprichwörtliche Redensart): Himmel und Erde in Bewegung setzen. — **exercitum conficere:** ein Heer aufstellen. — **genus Sullani:** Sprichwörtliche Redensart für eine grausame und blutige Herrschaft. — **convenit:** man einigt sich. Cicero hofft immer noch auf einen friedlichen Ausgleich und hat sich auch selbst in mehreren Briefen an Cäsar und Pompeius um eine Verständigung bemüht. — **σκοπός:** Ziel, Absicht.

3. **προθεσπίζω:** ich prophezeie. — **hariolari:** wahrsagen, weissagen. — **illa** = Kassandra. Sie war die Tochter des Trojanerkönigs Priamos. Apollo hatte sie unter *der* Bedingung mit der Gabe der Weissagung beschenkt, daß sie seine Liebe erwidere. Sie hielt aber ihr Versprechen nicht, und deshalb glaubte man ihr, als Strafe Apollos, die Weissagungen nicht. — **coniectura:** Vermutung. — **iamque mari magno:** Das Enniuszitat ist bei Cic. div. 1,67 überliefert und lautet vollständig: ,,Schon wird auf dem großen Meer eine große Flotte gebaut." — **vaticinari** (vates): weissagen. — **malorum 'Ιλιάς** (sprichwörtliche Redensart): eine Ilias von Unglück (= soviel Unglück, wie einst über Troja hereinbrach). — **transire:** Cicero hatte die Nachricht erhalten, Pompeius sei schon nach Griechenland gefahren. Tatsächlich setzte er erst am 17. März von Brundisium über. — **alterum** = Caesarem.

4. **occurrere** sc. Pompeio. — **conculcare:** niedertreten, mißhandeln. — **mancipium:** Sklave. — **proscriptio:** Ächtung. — **Luceria:** Dort befand sich das Hauptquartier des Pompeius. — **nihil:** Cicero greift hier zu einer negativen Übertreibung, um

eine besondere Wirkung zu erreichen. Auch durch Anapher, Asyndeton und Klimax will Cicero betonen, daß er die Aussichten für die Zukunft absolut pessimistisch beurteilt.

5. quierim = quieverim; **quiescere:** sich ruhig verhalten, neutral bleiben. — **Balbus minor:** Anhänger Cäsars. Er war mit Cicero befreundet, weil dieser im Jahre 56 seinen Onkel L. Cornelius Balbus (Rede pro Balbo) verteidigt hatte. — **Lentulus:** P. Cornelius Lentulus Spinther (cons. 57) hatte sich tatkräftig für Ciceros Rückkehr aus der Verbannung eingesetzt.
rationem habere: berechnen. — **tramittere:** übersetzen (nach Griechenland).

6. — **exemplum:** Abschrift, Kopie.

7. cursus: Eilmarsch. — **simile Parthicis rebus:** Die Parther, die seit der Niederlage des Crassus bei Carrhae (53) ständig Syrien und die östlichen Provinzen bedroht hatten, zogen sich plötzlich von Syrien zurück, da sie offensichtlich durch innere Machtkämpfe um die Thronfolge in Anspruch genommen waren. Der Statthalter Bibulus (51) nutzte die Schwierigkeiten geschickt aus. Cicero hofft nun auf eine ähnlich glückliche Wendung im Bürgerkrieg. — **Demetrius:** Demetrius von Magnesia (1. Jhr. v. Chr.) verfaßte zwei Nachschlagewerke und das hier erwähnte Werk de concordia. — **περὶ ὁμονοίας:** über die Eintracht.

23. Cäsar bittet Cicero zu einer Unterredung nach Rom (Att. 9,6 A)

Anfang März 49 befand sich Cäsar auf dem Weg nach Brundisium. Trotz seiner Eile — seine Truppen hatte er schon vorausgeschickt — richtete er ein kurzes, höfliches Schreiben an Cicero, in welchem er ihn nach Rom einlud. Diesen Brief ließ er durch den gemeinsamen Freund Furnius Cicero auf seinem Landgut bei Formiä überbringen, ein Beweis dafür, wie sehr Cäsar sich noch immer bemühte, den angesehenen Redner und Staatsmann Cicero auf seine Seite zu bringen.
Cicero ließ von dem Brief eine Abschrift anfertigen und schickte sie zusammen mit einem eigenen Brief an Atticus.

C. Furnius: Volkstribun des Jahres 50, der mit Cäsar und Cicero befreundet war. — **tantum:** nur. — **meo commodo:** nach meiner Bequemlichkeit, in Ruhe. — **in itinere:** Cäsar reiste nach Brundisium, das er am 9. März erreichte. — **de me mereris:** Cäsar lobt Ciceros bisherige neutrale Haltung. — **ad urbem:**

Cicero durfte als imperator die Stadt nicht betreten, sonst hätte er seinen Anspruch auf einen Triumph verloren. — **gratia:** Einfluß. — **dignitas:** Ansehen. — **propositum:** das Vorhaben, die Hauptsache (nämlich sich zu entschuldigen, daß ihm die Zeit zu einem längeren Schreiben fehle).

24. Ciceros Antwort auf die Einladung Cäsars (Att. 9,11 A)

Dieser Brief (vom 19. März aus Formiä) ist eine Antwort auf das vorherige Schreiben Cäsars (Att. 9,6 A). Zwar vermeidet Cicero eine direkte Ablehnung der Einladung, die Cäsar in seinem kurzen Brief ausgesprochen hatte, aber der höfliche und diplomatische Ton täuscht nicht darüber hinweg, wie sehr er sich noch dem Pompeius verpflichtet fühlt. Der Brief spiegelt die innere Unentschlossenheit Ciceros wider, der glaubt, er könne zwischen Cäsar und Pompeius einen friedlichen Ausgleich vermitteln. Er weiß aber noch nicht, daß es dafür zu diesem Zeitpunkt schon zu spät ist, da Pompeius Brundisium bereits verlassen hat.

1. imperator: Nach einer erfolgreichen Expedition gegen die Bergvölker des Amanusgebirges in Kilikien wurde Cicero von seinen Soldaten im Jahre 51 zum imperator ausgerufen. — **legi:** Tempus des Briefstils. — **Furnius:** Gemeinsamer Freund Cäsars und Ciceros. — **agere cum aliquo:** einen Vorschlag machen. Bezieht sich auf den Ausdruck a te peto in Brief 23. — **ad urbem:** Cicero durfte bis zur Verleihung eines Triumphes, auf den er sehr hoffte, die Stadt nicht betreten. — **significare:** andeuten, meinen. — **deducere:** hinführen, leiten. — **sapientia:** politische Klugheit. — **ratio:** Zweck.

2. tueri: sich jemandes annehmen. — **reconciliare alicui:** mit jemanden versöhnen. — **cura te attingit:** die Sorge berührt dich, dir liegt daran. — **cum primum potui:** nach Ciceros Rückkehr aus Kilikien. — **attingere:** berühren, ergreifen. — **pacis auctorem esse:** zum Frieden raten. — **honorem . . . concessum:** Im Jahre 52 hatte Cäsar das Vorrecht erhalten, sich in Abwesenheit um das Konsulat für das Jahr 48 zu bewerben. — **fautor** (favēre): Begünstiger, Beschützer. Im Deutschen sind fautor und auctor am besten verbal zu übersetzen

3. impertire: zuteilen, widmen. — **bonus vir:** ein Ehrenmann (der sein Versprechen hält). — **pius:** pflichtbewußt. — **beneficii**

memoria: Ohne des Pompeius Hilfe wäre Ciceros Rückberufung aus der Verbannung nicht möglich gewesen. — **fides:** Vertrauen. — **conservari:** erhalten bleiben (in der jetzigen überparteilichen Stellung). Cicero lehnt Cäsars Einladung ab. — **accomodatus:** geeignet. — **P. Lentulus Spinther:** Er hatte sich als Konsul des Jahres 57 mit Erfolg für Ciceros Rückkehr aus dem Exil eingesetzt. Bei der Eroberung von Corfinium wurde er gefangengenommen, erhielt aber von Cäsar die Freiheit.

25. Caelius fordert Cicero zur Neutralität auf (fam. 8,16)

Als Caelius, ein einflußreicher Anhänger Cäsars, sich am 16. April 49 auf dem Wege nach Massilia befand, erfuhr er von Cäsar, Cicero wolle dem Pompeius nach Griechenland folgen. Er schrieb daher — wohl von Cäsar beeinflußt — von Intimilium an der ligurischen Küste an Cicero einen warnenden Brief mit dem Ziel, ihn zu einem neutralen Verhalten zu veranlassen. M. Caelius Rufus fühlte sich Cicero besonders verpflichtet, weil dieser ihn in einem Prozeß (57) erfolgreich verteidigt hatte (vgl. die Rede pro Caelio). Während seiner Statthalterschaft in Kilikien (51—50) erhielt Cicero zahlreiche Briefe von Caelius, in denen er ihn über die politische Lage in Rom informierte. Später schloß er sich Cäsar an, in dessen Auftrag er wichtige Aufgaben während des Bürgerkrieges übernahm.

1. exanimatus: atemlos, betäubt (vor Schrecken). — **aperire:** an den Tag bringen, verraten. — **ilico:** sofort. — **neque non tamen:** und doch. — **per** (bei Ausrufen): bei. — **incolumitas:** Sicherheit. — **consulere:** einen Beschluß fassen. — **testificari:** zum Zeugen anrufen. — **praedixisse:** Durch einen Brief. — **temere:** ohne Grund. — **partā victoriā:** abl. abs. — **dimittendis adversariis:** Nach der Einnahme von Corfinium ließ Cäsar die gefangenen Optimaten frei. — **condiciones ferre:** Bedingungen stellen. — **atrox:** wütend. — **saevus:** grausam (bei Cicero nur an dieser Stelle). — **iratus senatui:** Der Senat hatte sich geweigert, Cäsar den Staatsschatz aus dem Tempel des Saturn auszuhändigen. — **intercessio:** Widerspruch, Einspruch. Als der Volkstribun L. Metellus sein Veto gegen den Raub des Staatsschatzes einlegte, bedrohte Cäsar ihn mit dem Tode, obwohl er als Volkstribun unverletzlich war. — **exire:** die Stadt verlassen. — **incitatus:** gereizt. — **deprecatio:** Abbitte, Bitte um Verzeihung.

2. gener: P. Cornelius Dolabella hatte Ciceros Tochter Tullia im Jahre 50, noch während Ciceros Statthalterschaft in Kilikien, geheiratet. Cicero sah die Verbindung nicht gerne, weil Dolabella in einem schlechten Ruf stand und tief verschuldet war. Außerdem stand er auf seiten Cäsars. — **quorum:** Dolabella und Caelius. — **conturbare:** zerstören, zerrütten. — **offensa** (kommt nur zweimal bei Cicero vor, sonst offensio): Ärgernis. — **contra aliquem facere:** gegen jemanden vorgehen. — **optimatem . . . optimum:** Wortspiel (Polyptoton). **optimas, atis:** der Beste, der Optimat.

3. agere: erreichen. — **non medius fidius** (= ita me Deus Fidius iuvat): so wahr mir der treue Gott helfe, bei Gott.

4. hoc = daß du zu Pompeius gehen willst. — **have** = ave: guten Morgen. — **litteras:** Cäsar schrieb Cicero am 16. April einen entsprechenden Brief. — **percucurissem:** Die Reduplikation beim Kompositum ist ein Element der Umgangssprache. — **contendere ab aliquo:** von jemandem erkämpfen.

5. funditus evertere: von Grund aus umstürzen, völlig zugrunde richten. — **sciens prudensque:** mit vollem Bewußtsein (wissentlich) und mit Absicht. Der Ausdruck wurde zunächst als juristischer t. t. gebraucht; sprichwörtlich verwendete man ihn dann von dem, der mit offenen Augen in sein Unglück rannte. — **se demittere:** sich begeben. — **insolentia:** Überheblichkeit. — **iactatio:** Prahlerei. — **iam:** bald. — **confecta:** Wider Erwarten aber zog sich der Krieg in Spanien bis September 49 hin.

26. Cäsars Mahnung an Cicero (Att. 10,8 B)

Nach der Eroberung von Brundisium begab sich Cäsar nach Rom. Unterwegs besuchte er am 28. März 49 Cicero auf dessen Landgut bei Formiä. Seine Bemühungen, Cicero für sich zu gewinnen, hatten auch hier keinen Erfolg. Auf dem Weg nach Spanien, wo er den Kampf gegen die Legaten des Pompeius führen wollte, richtete er am 16. April 49 ein kurzes Schreiben an Cicero, um ihn wenigstens zur Neutralität zu veranlassen. Die höflichen Formulierungen Cäsars täuschen nicht darüber hinweg, daß er sein Schreiben als letzte Warnung an Cicero versteht.

1. temere: unüberlegt. — **iudicaram** — **existimavi:** Tempora des Briefstils. — **fama:** Das Gerede der Leute, Cicero wolle zu Pompeius, entsprach den Tatsachen. — **progredi:** einen Schritt tun. — **proclinare:** vorwärts neigen. — **proclinata re:** da^w die Sache sich bereits zur Entscheidung neigte. Ggs.: **integra** (sc. re): als die Sache noch unentschieden war. — **minus commode:** wenig geschickt. — **consulere:** Rücksicht nehmen. — **secundissima:** großes Glück. — **causam sequi:** sich für eine Sache einsetzen. — **nihil gravius:** Durch diese extreme Ausdrucksweise will Cäsar eine besondere Steigerung der Wirkung erreichen.

2. convenit: es ist angemessen. — **quod** = abesse a civilibus controversiis. — **sequi:** befolgen. — **explorare:** prüfen. — **testimonium:** Zeugnis. — **ex itinere:** Cäsar befand sich auf dem Wege nach Spanien.

VII. Cicero während Cäsars Alleinherrschaft

27. Dolabella schreibt aus dem Feldlager Cäsars an Cicero (fam. 9,9)

Nach seinem Sieg über die Legaten des Pompeius in Spanien war Cäsar in Rom in seiner Abwesenheit zum Diktator ernannt worden. Als er Ende November 49 nach Rom kam, legte er, um den Anschein der Demokratie zu wahren, bald diesen Titel ab und ließ sich mit P. Servilius Isauricus zum Konsul wählen. Darauf fuhr er mit seinem Heer nach Epirus, wo er Pompeius in Dyrrhachium einschloß (Mai/Juni 48). Von hier aus schrieb Dolabella, der Schwiegersohn Ciceros, einen Brief, in dem er Cicero, der schon im Juni 49 zu Pompeius gestoßen war, die Aussichtslosigkeit der Lage des Pompeius vor Augen hielt und ihn aufforderte, sich vom Kriegsschauplatz zurückzuziehen.

1. S.v.g.v.: Si vales, gaudeo; valeo. — **belle (se)habere:** wohl-auf sein. — **minus belle** (sc. se) **habet:** Umgangssprachlicher Ausdruck. **Minus** (für non) wird hier in abschwächendem Sinne bei einem unangenehmen Ereignis gebraucht (vgl. Hofmann 146). — **certum** = Adv. — **apud te** = domi tuae. — **in suspicionem venire alicui:** bei jemandem in Verdacht geraten. — **partium causa:** aus Parteirücksicht. — **tua** sc. causa. — **in otium se referre:** sich ganz aus dem öffentlichen Leben zurückziehen. — **inclinari:** sich neigen. — **incidere in opinionem:** in einen Ruf kommen. — **pie:** pflichtgemäß. — **animus:** Gesinnung, Absicht. — **deditus:** ergeben.

2. clientela: Gefolgschaft. — **ostentare:** prahlen. — **infimus quisque:** gerade die Geringsten. — **pulso** = Dat. — **veterano:** Die in Spanien von Cäsar besiegten Legionen bestanden aus Veteranen im Gegensatz zum Heer des Pompeius. — **circum-vallare:** einschließen. — **peto:** Hier mit doppeltem Akkusativ. — **se abdere in classem:** sich auf seine Flotte zurückziehen. — **res publica:** Republik.

3. civitas: Gemeinde, Stadt. — **tamen** (leitet einen zweiten Grund ein): und dabei, und außerdem. — **tabellarius:** Briefbote.

28. Nach dem Sieg Cäsars bei Pharsalus (Att. 11,5)

Am 9. August wurde Pompeius von Cäsar bei Pharsalus in Thessalien besiegt und floh nach Ägypten, wo er am 28. September ermordet wurde. Cicero selbst hatte nicht an der Schlacht teilgenommen, weil er krank in Dyrrhachium zurückgeblieben war. Als die in Korkyra versammelten Pompeianer Cicero den Oberbefehl übertragen wollten, lehnte dieser ab und sprach sich dafür aus, die Waffen niederzulegen. Die aufgebrachten Pompeianer unter der Führung von Pompeius' Sohn Gnaeus nannten ihn einen Verräter und hätten ihn beinahe erschlagen. Doch Cato gelang es, ihn aus dem Lager zu bringen. Cicero fuhr nach Brundisium und wartete auf Cäsars Entscheidung. Von hier schrieb er am 4. November 48 den vorliegenden Brief an Atticus.

1. quae me causae moverint (sc. ut in Italiam venirem): Auf seiner Reise von Korkyra nach Patrā traten Differenzen zwischen Cicero und seinem Bruder Quintus auf, der ihm alle Schuld an der mißlichen Lage gab. Daher war Cicero nach Brundisium gefahren, um dort auf die Verzeihung Cäsars zu warten. — **impetus animi**: Neigung, plötzlicher Drang. — **tantae**: Ciceros Situation in Brundisium war äußerst schwierig. Es war ungewiß, wie sich Cäsar ihm gegenüber verhalten werde. Andererseits hätte ein eventueller Sieg der Pompeianer für ihn sicherlich schlimme Folgen gehabt. — **summa**: Hauptpunkt. — **litterae**: Briefe. — **alii**: C. Oppius und Cornelius Balbus. Von den Anhängern Cäsars hatten sie eine Schlüsselstellung inne. Sie hatten schon vorher die Rolle der Vermittler zwischen Cäsar und Cicero übernommen. — **tuo nomine**: in deinem Namen. — **mea sponte**: von mir aus. — **subita re**: Der Ausdruck bezeichnet die plötzliche Abreise aus dem Lager der Pompeianer und die Fahrt nach Italien. — **debilitatus**: geschwächt, gelähmt.

2. propius sc. ad urbem. — **oppida**: Cicero wollte sich unauffällig Rom nähern. Das war nur möglich, wenn er des Nachts durch die Städte reise. — **deversorium** (deverti): Absteigequartier, Herberge. Durchreisende Beamte konnten dort gegen eine Gebühr übernachten. — **diurnus** (dies): während des Tages. — **consumere**: verbringen. — **commode**: gut.

3. molestia: Beschwerden. Cicero befand sich seit einiger Zeit in einer schlechten gesundheitlichen Verfassung. Er hatte auch wegen einer längeren Krankheit nicht an der Schlacht bei Pharsalus teilgenommen. — **conficere**: zustande bringen. — **acceperam** sc. litteras. — **L. Minucius Basilus**: Er war ein eifriger Anhänger Cäsars, der schon in Gallien unter ihm gedient hatte. Im Jahre 44 beteiligte er sich an seiner Ermordung. — **P. Servilius Isauricus:** Er war zusammen mit Cäsar Konsul des Jahres 48.

4. Vatinius: vgl. Brief 16,4. — **aversus:** abgeneigt, feindlich. Ciceros Bruder Quintus hatte sich ebenfalls zu Pompeius begeben. Doch bald kam es nach der Niederlage des Pompeius zu Meinungsverschiedenheiten. — **Patrae, arum:** Stadt in Achaia. — **Corcyra:** Korfu. Bedeutender Handels- und Kriegshafen, wo sich die Flotte des Pompeius befand und wohin sich nach der Niederlage bei Pharsalus die Pompeianer zurückgezogen hatten. — **profectos sc. esse:** Cicero nahm an, sein Bruder sei mit seinem Sohn, mit Cato und den übrigen Anhängern des Pompeius nach Afrika gefahren. Quintus war jedoch in Griechenland zurückgeblieben, um auf Cäsars Verzeihung zu warten.

29. Hoffnung auf Begnadigung durch Cäsar (fam. 14,23)

Cicero mußte fast ein Jahr lang in Brundisium warten, bis Cäsar am 24. September 47 nach Italien zurückkehrte. Als Cäsar Cicero, der ihm ein Stück entgegengegangen war, erblickte, stieg er von seinem Wagen und behandelte ihn mit größter Höflichkeit.
In seinem Brief an seine Frau Terentia (fam. 14,23) vom 12. August 47 erwähnt Cicero einen entgegenkommenden Brief Cäsars, der ihn auf eine Begnadigung hoffen läßt. Der kurze Brief an Terentia macht aber auch die zwischen den Ehegatten eingetretene Entfremdung deutlich, die im folgenden Jahr zur Scheidung führte.

liberalis: edel, gütig.

30. Cicero rät Marcellus, nach Rom zurückzukehren (fam. 4,8)

Ciceros Brief an Marcellus (von Anfang August 46 aus Rom) macht deutlich, daß Cicero sich große Mühe gab, die Rückberufung ehemaliger Pompeianer, die in der Verbannung lebten, zu erreichen. M. Claudius Marcellus war als Konsul des Jahres 51 energisch der zunehmenden Macht Cäsars entgegengetreten, war im Jahre 49 dem Pompeius nach Griechenland gefolgt und hatte später die freiwillige Verbannung in Mytilene auf Lesbos gewählt. Cicero schrieb ihm mehrere Briefe, in denen er ihn veranlassen wollte, Cäsars Begnadigung anzunehmen.

1. **magni animi homo**: ein mutiger Mann. — **frangere**: zerbrechen, entmutigen. — **ingenio abundare**: reichlich Verstand besitzen, genügend Phantasie besitzen. — **praebeam praestemque**: se praestare (sich bewähren) stellt eine Steigerung gegenüber se praebere (sich zeigen) dar. — **praesto esse**: bei der Hand sein, zu Diensten sein. — **debēre**: verpflichtet sein.

2. **animum inducere**: sich vornehmen, sich entschließen. — **esse**: leben. — **principem** gehört als Apposition zu **te**. — **tempori cedere**: sich den Verhältnissen fügen. — **hunc . . . locum**: in Rom. — **exulare** (exul): als Verbannter leben. — **domestica sedes** = patria. — **crede mihi**: Ausdruck der Umgangssprache, durch den Cicero an den Glauben des Marcellus appelliert. — **omnia tenere**: alle Macht haben. — **ingenia**: talentierte Männer. — **dignitates**: Männer von Rang. — **res**: die (allgemeinen) Verhältnisse. — **causa ipsius**: seine eigene Lage. — **amplecti**: ins Herz schließen, großen Wert legen auf. — **plura** sc. dico. — **satis facere**: Genüge tun. — **coniunctio**: Verbundenheit.

31. Ciceros Lebensweise im Jahre 46 (fam. 9,20)

Der Adressat des Briefes, L. Papirius Paetus, war schon seit dem Jahre 61 mit Cicero befreundet. Als Anhänger der epikureischen Lehre führte er ein Dasein fern der Politik und lebte in Muße auf seinen Landgütern. Epist. 9,20 — Anfang August 46 aus Rom geschrieben — ist eine Antwort auf einen witzigen Brief des Paetus. Cicero versucht in humorvoller Weise, verschiedene Ansichten seines Freundes zu widerlegen.

1. **dupliciter delectatus sum**: Dieser Ausdruck wird näher erklärt durch **et quod** — **et quod.** — **scurra**: Spaßmacher. — **veles, itis**: Leichtbewaffneter. Die Leichtbewaffneten hatten die Aufgabe, außerhalb der Schlachtreihe den Feind durch schnelle Angriffe zu beunruhigen und sich dann schnell wieder zurückzuziehen. — **scurra veles**: ein Spaßmacher, der andere durch seine Angriffe neckt. Paetus hatte Cicero mit Anspielung auf seine Einladungen zu Gastmählern der Cäsarianer als scurra veles bezeichnet. Cicero greift nun diese Bemerkung in witziger Weise auf und schildert in übertreibend ironischer Art, daß er seine Lebensweise geändert habe und ein großer Schlemmer geworden sei. — **mālum**: Apfel. Bei Gastmählern bewarf man die Spaßmacher als Anerkennung für ihre Witze mit Äpfeln. Paetus hatte dem Cicero wahrscheinlich Äpfel aus seinen Gär-

ten geschickt. — **contubernalis**: Hausgenosse. Cicero will damit zum Ausdruck bringen, daß er längere Zeit bei Paetus bleiben möchte. Damit er mit seiner scherzhaften Drohung, Paetus zu besuchen, die rechte Wirkung erzielt, schildert er in folgendem, wie Paetus sich den Gast Cicero in seiner geänderten Art vorzustellen habe. — **promulsis, idis**: das Vorgericht. Es bestand aus Speisen, die den Appetit anregen sollten: Eiern, Austern, Fisch, Oliven und leichtem Gemüse. Dazu trank man Met (mulsum). Es folgte der zweite Teil der cena, der aus mehreren Gängen, hauptsächlich Fleischgerichten, bestand. Als Nachtisch gab es Backwerk und Obst. Da die gesamte Mahlzeit mit den Eiern begann und mit dem Obst (beim Nachtisch) beendet wurde, hieß es im Sprichwort: Ab ovo usque ad mala. — **conficere** (militärischer t. t.): erledigen, aufreiben. — **integra fames**: ein ganz gesunder Hunger. — **assum vitulinum**: Kalbsbraten. Am Schluß der Hauptmahlzeit gab es Kalbsbraten. **Ad ovum** steht metonymisch für den Anfang, **usque ad assum vitulinum** für das Ende des Mahlzeit. — **perduci**: fortgesetzt werden, dauern. — **illa mea**: jene Eigenschaften von mir. — **facilis**: leicht zugänglich, umgänglich. — **non gravis**: angenehm. — **abiit**: es ist vorbei. — **commentatio**: Vorbereitung. — **abicere**: hinwerfen, aufgeben. — **se conicere**: sich stürzen, sich flüchten. Cicero ist entschlossen, ein neues Leben zu führen, das Leben eines Epikureers, zurückgezogen von der Politik, nur beschäftigt mit der Wissenschaft und privaten Freuden. Trotz der witzigen Formulierung ist hier die Bitterkeit und Resignation Ciceros zu spüren. — **haec insolentia**: die jetzt herrschende Verschwendung. — **lautitia**: Luxus. — **in sumptum habere**: Geld zur Verschwendung haben. — **plura praedia**: Paetus hatte Geld auf Güter ausgeliehen. Als die Gläubiger nicht zahlen konnten, mußte er die Grundstücke und Güter, die im Bürgerkrieg sehr an Wert verloren hatten, von seinen Schuldnern anstelle des Geldes annehmen.

2. **proinde**: Cicero zieht jetzt das Fazit aus den bisherigen Ausführungen. — **tibi res est**: du hast es zu tun (mit). — **edax, cis**: gefräßig. — **ὀψιμαθεῖς**: Spätlerner. Diese prahlten gern mit ihren Kenntnissen. Der griechische Ausdruck bezieht sich auf Ciceros Wissen in der Eßkunst. Durch seine zahlreichen Einladungen hat Cicero so viel gelernt, daß er auch Leute mit besonderem Geschmack einladen kann. — **insolens**: übertrieben, unmäßig. — **dediscere**: verlernen, sich abgewöhnen. — **sportellae**: Körbchen (mit kalten Speisen), kalte Speisen. — **artola-**

gyni: Brotkuchen. Cicero ist der Auffassung, Paetus müsse sich jetzt die einfachen Speisen abgewöhnen. — **Verrius:** Freund des Paetus. — **Camillus:** Mit Paetus und Cicero befreundet. — **munditia:** Geschmack. — **elegantia:** feine Lebensart. — **vocare:** zu Tisch laden, einladen. — **Hirtius:** Vertrauensmann Cäsars. — **pavo, onis:** Pfau. Sein Fleisch war eine Lieblingsspeise der Römer. — **cocus:** Koch. — **ius fervens:** heiße Brühe. Diese Spezialität des Hirtius beherrschte Ciceros Koch offensichtlich noch nicht.

3. § 3 gibt einen Einblick in die Lebensweise Ciceros im August des Jahres 46.— **salutare:** Besuche empfangen. — **boni viri:** Optimaten. — **perofficiose:** sehr gefällig. — **peramanter:** sehr liebenswürdig. Die beiden Adverbien sollen zeigen, daß Cicero die übertriebene Höflichkeit als unecht empfindet. — **observare:** verehren, begegnen. — **salutatio:** Aufwartung, Besuch. Das kollektive Abstraktum steht für den konkreten Ausdruck „Besucher". — **defluere** (metaphorischer Ausdruck): sich allmählich verlaufen. — **doctum-doctior:** Durch das Wortspiel (Polyptoton) charakterisiert Cicero ironisch seine Tätigkeit als Rhetoriklehrer. — **litteris se involvere:** sich in die Bücher vergraben, sich in die Studien vertiefen. In dieser Zeit arbeitete Cicero an seinem Werk Orator. — **veniunt, qui:** In Anlehnung an diesen Abschnitt schildert Plinius der Jüngere seinen Tagesablauf in Brief 9,36. Interessant ist ein Vergleich der beiden Briefe, der den Unterschied der Zeiten (späte Republik — frühe Kaiserzeit) deutlich macht. — **tempus corpori dare** = corpus curare. Dazu gehören außer dem Essen Gymnastik, Ballspiele und Baden. — **elugēre:** austrauern. Cicero hat sich mit seiner Lage abgefunden. Er weiß, daß für ihn die Zeit der großen Politik endgültig vorbei ist. Sein Lebensinhalt besteht jetzt im otium, der Beschäftigung mit Schriftstellerei, Lektüre und Unterhaltung mit gebildeten Freunden, einem otium, das die Zeitumstände ihm aufgezwungen haben. — **unicus:** der einzige. Der Satz **patriam eluxi . . .** wirkt durch den abrupten Übergang besonders eindringlich. Er bildet den ersten Schluß des Hauptteiles und kann als zentrale Aussage des Briefes überhaupt angesehen werden. Er drückt eine tiefe Resignation aus und läßt deutlich spüren, wie schwer Cicero der Verzicht auf das politische Wirken in der Öffentlichkeit gefallen ist und mit welcher Trauer ihn der Untergang der Republik erfüllt. — **iacēre:** krank darniederliegen, krank sein. — **comedim** (altertümliche Form) = comedam. — **comedere:** verzehren.

32. Erneute Aufforderung an Marcellus, nach Italien zurückzukehren (fam. 4,9)

Die Rückkehr des Marcellus, der auf Lesbos im freiwilligen Exil lebte, war Cicero aus persönlichen und politischen Gründen sehr wichtig. Er hoffte, daß er größeren Einfluß gewinnen könne, je mehr Optimaten nach Rom zurückkehrten. So machte er Ende August 46 einen erneuten Versuch (vgl. auch Brief 30), Marcellus zur Rückkehr nach Rom zu bewegen. Im folgenden Brief führt Cicero fünf Gründe an, die für eine baldige Rückkehr des Marcellus nach Rom sprechen.

1. Q. Mucius Scaevola: Volkstribun im Jahre 54, gehörte der Optimatenpartei an. — **declarare:** deutlich zu erkennen geben, klar darlegen. — **benevolentia:** Ergebenheit. — **res:** Gründe. — **superioribus:** fam. 4,7 und 4,8. — **porro:** ferner. — **tuum est:** es ist deine Art. — **sensus:** Wahrnehmung. — **laborare:** in Sorge sein, leiden.

2. tempori cedere: Vgl. Brief 30,2. — **primum:** Hier beginnt die Widerlegung eines Einwandes, den Marcellus eventuell vorbringen könnte. — **non habet vitii res:** die Verhältnisse zwingen nicht zu diesem Fehler. — **deferre:** übertragen. — **secus:** anders. — **is** = Pompeius. — **communis:** demokratisch gesinnt. — **te consule:** Im Jahre 51. — **tuum sapientissimum consilium:** Marcellus hatte in seinem Konsulatsjahr eine wichtige Rolle als Führer des Widerstands gegen Cäsar gespielt. Er hatte im Senat den Vorschlag gemacht, Cäsar als Statthalter von Gallien abzulösen. — **frater:** der Vetter. Es war C. Claudius Marcellus, Konsul des Jahres 49, der auf der Seite des Pompeius in Griechenland kämpfte. — **ex auctoritate tua:** nach deinem Willen. — **desiderare:** vermissen, verlangen nach.

3. saepe: Cicero nennt Phil. 8,7 insgesamt fünf Bürgerkriege, die es in seiner Generation gegeben habe. Es sind dies der Krieg Sulla gegen Sulpicius (im Jahre 88), Cinna gegen Octavius (im Jahre 90), Sulla gegen Marius und Carbo (im Jahre 87), Cäsar gegen Pompeius und das bellum Mutinense (im Jahre 43: Hirtius, Pansa und Octavian gegen Antonius). — **miserius nihil:** Übertriebene Aussage. Sie ist typisch für die Umgangssprache. — **ferox:** übermütig. — **illa:** Der Sieg der Pompeianer. — **impotens:** zügellos, herrschsüchtig. — **opes:** Vermögen. — **dignitas:** Rang. — **tuae virtutis est:** es ist ein Zeichen deiner Ehrenhaftigkeit. — **in minimis ponere:** sehr geringes Gewicht legen auf. — **finis:** Ziel. — **consilium:** der Entschluß (fern von

Rom zu leben). — **factum:** Handlungsweise. — **extrema perse-**
qui: das Ende abwarten. — **deformis:** entstellt. — **clarus vir:**
Mit diesem Ausdruck wird der verdiente Staatsmann bezeichnet. — **orbare:** berauben. Die Mahnung an Marcellus, den Staat
gerade im Unglück nicht zu verlassen, ist ein Beweis für Ciceros Vaterlandsliebe, zeigt aber auch, daß er immer noch an
ein Wiedererstehen der Republik glaubt.

4. **alicui supplicem esse:** jemanden demütig bitten. — **duri** sc.
animi. — **caput:** die Hauptsache. — **ad facinus verecundia:** die
Scheu vor der Tat. — **incolumitas:** Unversehrtheit. — **tempori-**
bus consulere: auf die Zeitverhältnisse Rücksicht nehmen.

33. Trost für den verbannten Torquatus (fam. 6,1)

In seinem Brief, den Cicero in den letzten Monaten des Jahres
46 von Rom aus schreibt, spricht er dem Adressaten A. Manlius
Torquatus Trost und Mut in seinem Exil zu.
Torquatus (Konsul 52) hatte im Bürgerkrieg auf der Seite des
Pompeius gestanden und lebte nun in Athen. Der Brief fällt in
die Zeit, in der Cäsar gegen die Söhne des Pompeius in Spanien
kämpfte. Da noch keine entscheidende Wende eingetreten war,
wartete Torquatus voller Ungewißheit in Athen den Ausgang
des spanischen Krieges ab.

1. **fortunae:** Cicero beginnt den Brief mit dem Topos von der
Unzufriedenheit des Menschen mit seinem Schicksal und geht
dann auf die politische Lage ein, wie sie sich ihm Ende 46 in
Rom darbietet. — **ubivis:** überall. — **Romae esse miserrimum:**
Denselben Gedanken führt Cicero mehrfach in seinen Briefen
für die im Exil lebenden Optimaten an. — **sensus:** Empfindung.
— **acerbitas:** Bitterkeit. — **angere:** ängstigen, beunruhigen. —
conficere: aufreiben. — **molestia:** Verdruß. — **requirere:** vermissen, verlangen nach. — **melius, si tu adesses:** Ciceros
Argumentation erinnert stark an die loci communes, welche die
Schulrhetorik vermittelte. — **proprius:** eigentümlich, speziell.
Im Gegensatz zu der allgemeinen Gefahr, in der sich alle infolge der Zeitumstände befinden, bezeichnet **proprius** eine bestimmte Gefahr. — **praecipuam aliquam fortunam:** Cicero
schreibt dem Torquatus, er dürfe nicht denken, daß es gerade
ihm besonders schlecht gehe.

2. **sic agitare animo:** sich in eine solche Stimmung versetzen.
— **dignitas:** Stellung, Rang. — **mitigatus:** mild, versöhnlich. —
explicatam et exploratam rationem habere: einen klaren und

stichhaltigen Grund haben. — **ab altera victoria:** bei einem Sieg der einen Seite. Gemeint ist ein Sieg Cäsars in Spanien gegen die Söhne und Anhänger des Pompeius. — **ab altera sc. victoria:** Bei einem Sieg der Pompeianer.

3. quasi: Der Trostgrund, den Cicero angibt, ist kein echter Trost. — **docti viri:** Philosophen. Cicero vermeidet hier das Fremdwort philosophus, für das er in den Briefen lieber sapiens oder doctus verwendet. — **robur, oris:** Kraft. — **nervus:** Stärke. — **conscientia:** Bewußtsein, gutes Gewissen. Cicero stellt einen Zusammenhang her zwischen dem stoischen Paradoxon, daß die virtus zum glücklichen Leben ausreiche, und seinem eigenen Anliegen. Er fühlt sich frei von jeder moralischen Schuld. — **sustentare:** aufrecht halten, trösten. — **praemiis ductos:** Viele Anhänger waren dem Pompeius gefolgt, weil sie sich bei einem Sieg materiellen Gewinn versprachen. — **amens, tis:** unbesonnen. — **exploratus:** gewiß, sicher.

4. ingredi in causam: sich auf eine Sache einlassen. — **proponere:** vorstellen, vor Augen stellen. Pass.: vor Augen stehen. — **animis cadere:** den Mut verlieren. — **ratio et veritas:** die Vernunft und Wirklichkeit. — **praestare:** etwas vertreten, für etwas haften. — **placate:** mit Fassung. — **moderate:** mit Mäßigung, mit Besonnenheit. — **res communes:** das Gemeinwesen. — **carēre:** sich (einer Sache) entziehen.

5. diffidere: mißtrauisch sein. Torquatus war eher als Cicero dem Pompeius nach Griechenland gefolgt. In mehreren Briefen hatte er den noch zögernden Cicero aufgefordert, ebenfalls zu Pompeius zu kommen. — **improbare:** mißbilligen. — **consilium:** Der Entschluß, mit Waffen gegen Cäsar zu kämpfen, wurde schon damals von Cicero verurteilt, da er einen militärischen Erfolg für unwahrscheinlich hielt. — **adversari:** sich widersetzen. — **confirmata:** Cäsar sollte nach dem Willen des Konsuls M. Claudius Marcellus als Provinzstatthalter abgelöst werden. Die Abberufung kam jedoch wegen des Widerstandes vieler Senatoren (besonders des Pompeius) nicht zustande (vgl. Brief 21,3, wo Cicero das Versagen des Pompeius kritisiert). — **de iure publico:** über Fragen des Staatsrechtes. Es ging um die Frage, ob es Cäsar erlaubt werden solle, sich in Abwesenheit um das Konsulat zu bewerben (vgl. zu Brief 21,3). — **divinare** (divinus): prophezeien. — **exitiosus** (exitium): unheilvoll, verderblich. — **exploratius:** mit größerer Gewißheit. — **in aciem prodire:** in der Schlacht zum Vorschein kommen. — **adhibere:** beweisen, zeigen.

6. scripsi: Tempus des Briefstils. — **Philargyrus:** Freigelassener des Torquatus. — **aliqua re publica:** wenn es noch einen Staat geben wird. — **perdita** sc. re publica. — **adflictus:** mißlich, elend, unglücklich. — **exanimatus:** außer Atem. — **suspensus:** voller Erwartung, gespannt. Cäsars Kampf gegen die Anhänger des Pompeius in Spanien war zu diesem Zeitpunkt (Ende 46) noch nicht entschieden. — **in ea urbe:** Athen. Der Aufenthalt in Athen, von wo alle Kultur und Bildung ihren Ausgang genommen hat, verpflichtet den Torquatus zu einem besonderen Verhalten. Vgl. auch Cic. Flacc. 62: Adsunt Athenienses, unde humanitas, doctrina, religio, fruges, iura, leges ortae atque in omnes terras distributae putantur. Vgl. auch Plin. epist. 8, 24,2: Cogita te missum esse in provinciam Achaiam . . . in qua primum humanitas, litterae, etiam fruges inventae esse creduntur. 8,24,4: Habe ante oculos hanc esse terram, quae nobis miserit iura, quae leges non victis, sed petentibus dederit, Athenas esse, quas adeas. — **ratio ac moderatio vitae:** die Lehre von der vernünftigen Lebensweise. Gemeint ist die Ethik, die von Sokrates und seinen Schülern ausgebildet und verbreitet wurde. — **Ser. Sulpicius:** Er war im Jahre 44 Statthalter der Provinz Achaia. — **togati** (sc. Caesaris) — **armati:** im Friedens- und Kriegsgewand, im Frieden und Krieg. Cicero bedauert es, daß er dem Rat des Sulpicius, im Bürgerkrieg neutral zu bleiben, nicht gefolgt ist. Der Bürgerkrieg hätte auch verhindert werden können, wenn die Pompeianer dem Cäsar Rechte eingeräumt hätten, wie sie nach der Verfassung einem römischen Bürger nicht zustanden. Diese Machtbefugnisse Cäsars wären gering gewesen im Vergleich zu der Macht, die er nach seinem Siege beanspruchen konnte.

7. longiora: Cicero beginnt den letzten Abschnitt mit einer Entschuldigung wegen der Länge des Briefes. — **debēre:** verpflichtet sein. — **quibus tantum debebam:** Gemeint sind wohl Pompeius und Cornelius Spinther, die sich für Ciceros Rückberufung aus der Verbannung besonders eingesetzt hatten. Sie waren beide umgekommen. — **navare:** sich eifrig betätigen.

34. Tod des Marcus Marcellus (fam. 4,12)

Servius Sulpicius, einer der bedeutendsten Juristen seiner Zeit, war schon seit seiner Jugend durch rhetorische Studien mit Cicero bekannt. Während des Bürgerkrieges verhielt er sich neutral und zog sich nach Samos und Lesbos zurück. Im Jahre 46 erhielt er durch Cäsar die Statthalterschaft der Provinz

Achaia. Von Athen aus gab er Cicero am 31. Mai 45 einen ausführlichen Bericht über den gewaltsamen Tod des M. Claudius
Marcellus. Der Brief zeichnet sich aus durch seine genaue und
nüchterne Darstellung der Ereignisse. M. Marcellus, der ehemalige Pompeianer und erbitterte Gegner Cäsars (vgl. Einleitung zu Brief 30), hatte sich auf die dringenden Bitten
Ciceros und des gesamten Senates entschlossen, nach Italien
zurückzukehren. Er wollte gerade im Piräus ein Schiff be-
steigen, als er am 26. Mai von einem Begleiter — P. Magius
Cilo — ermordet wurde.

1. non iucundissimum: Litotes. — **natura:** die natürliche Ge-
setzmäßigkeit. — **certiores facere:** Die Infinitivkonstruktion
(statt eines ut-Satzes) nach **visum est faciendum** ist umgangssprachlich. — **quoquo modo:** Servius will ohne Rücksicht darauf
berichten, ob das Geschehen erfreulich ist oder nicht. — **Epi-
daurus:** Stadt im Osten der Landschaft Argolis. Die Präpositio-
nen bei Städtenamen sind im klassischen Latein ungewöhnlich,
ab Livius aber häufig. — **navi** = nave. — **collegam:** M. Marcellus war im Jahre 51 zusammen mit Servius Sulpicius Konsul
gewesen. — **Boeotia:** Landschaft Mittelgriechenlands. — **iuris
dictio:** Rechtssprechung. Zu den wichtigen Aufgaben des Statthalters gehörte es, Recht zu sprechen. — **supra Maleas:** um
Maleae herum. Maleae ist das Vorgebirge an der südöstlichen
Spitze Lakoniens.

2. hora decima noctis: Wie den Tag, so teilte man auch die
Nacht in zwölf Stunden ein, deren Länge je nach Jahreszeit
unterschiedlich war. — **familiare** = familiari. — **pugio, onis:**
der Dolch. — **stomachus:** der Magen. — **secundum aurem:**
hinter dem Ohr. — **vivere:** mit dem Leben davonkommen. —
e vestigio: auf der Stelle. Umgangssprachliche Wendung, die
sich bei Cicero nur noch div. Caecil. 57 findet. — **eo** (adv.):
dorthin (zum Piraeus). — **puer:** Sklave. — **C. Manlius Acidinus:**
Er studierte zu dieser Zeit in Athen. — **codicilli:** die Schreib-
tafel. — **diem obire** = mortem obire.

3. tabernaculum: Zelt. Piraeus war zu dieser Zeit zerstört, so
daß Marcellus in einem Zelt wohnte. — **pergere:** sich auf-
machen. — **pauculi:** Deminutiva gehören der Umgangssprache
an. Die Römer bildeten die zahlreichen Deminutiva nicht nur
von Substantiven, sondern auch von Adjektiven. — **metu:** Die
Sklaven waren sofort nach der Ermordung geflohen, weil sie
fürchteten, man werde sie zur Rechenschaft ziehen; denn nach

einem alten Gesetz konnten alle Sklaven, die sich während der Ermordung ihres Herrn im Hause befunden hatten, getötet werden, falls man den Mörder nicht fand. — **lectica**: Sänfte. — **lecticarius**: Sänftenträger. — **pro copia**: im Verhältnis zu den Mitteln. — **religio**: religiöse Gefühle, religiöse Bedenken. Die Beisetzung der Urnen innerhalb der Stadt war durch Gesetz untersagt. — **tamen**: jedoch. — **quod proximum fuit**: was das Nächste war, was meine nächste Bitte war. — **gymnasium**: Athen hatte drei Gymnasien, das Lykeion, wo Aristoteles einst gelehrt hatte, die Bildungsstätte der Kyniker (Kynosarges) und die Akademie, wo einst Platon gewirkt hatte. — **orbi terrarum**: Lokativ. Das Hyperbaton **nobilissimo** . . . **gymnasio** betont die besondere Stellung *dieses* Gymnasiums und das besondere Entgegenkommen der Athener. — **locare**: ausschreiben. Die Athener kamen für die Errichtung des Grabdenkmals auf. — **pro collegio**: als einem Amtsgenossen. — **pro propinquitate**: als einem, der mir nahestand.

35. Cäsar besucht Cicero auf seinem Landgut bei Puteoli (Att. 13,52)

Der Brief ist am 19. Dezember 45 auf Ciceros Landgut bei Puteoli geschrieben. Cicero berichtet dem Freund, wie Cäsar ihn mit großem Gefolge am 18. Dezember 45 auf seinem Landgut besucht. Nach seinem Sieg über die Pompeianer bei Munda war Cäsar im September nach Rom zurückgekehrt. Als er seine Nichte Atia in Puteoli besuchte, kehrte er unerwartet auch für einen Tag auf Ciceros kürzlich erworbenem Landgut ein. Sein Besuch gilt nicht dem Politiker Cicero, sondern dem Menschen und bedeutenden Schriftsteller.

Der Brief an Atticus ist unmittelbar nach Cäsars Abreise verfaßt und spiegelt auch in seiner Sprache die Aufregung wider, in die der plötzliche Besuch Cäsars den Gastgeber Cicero versetzt hat: Asyndetische Ausdrucksweise, zahlreiche Ellipsen, sprichwörtliche Wendungen, abgerissene Sätze und eine Reihe von umgangssprachlichen Ausdrücken geben Ciceros Stimmung wieder.

1. **gravis**: beschwerlich, unangenehm. — ἀμεταμέλητος: unbereut, der keine Reue verursacht. — **periucunde**: in sehr angenehmer Laune. — **esse** (beim Adverb): sich verhalten, sich befinden. — **sed**: Diese Partikel bezeichnet hier den Übergang zur eigentlichen Erzählung. — **secundis Saturnalibus**: am zwei-

ten Tag der Saturnalien. Die Saturnalien, ein Volksfest zu
Ehren des Gottes Saturn, wurden vom 17.—19. Dezember
gefeiert. — **L. Marcius Philippus:** Gutsnachbar Ciceros. Er war
mit Cäsars Nichte Atia, der Mutter des Oktavian, verheiratet.
Im Jahre 56 hatte er das Konsulat bekleidet. — **a militibus:**
Durch die Präposition bezeichnet Cicero das eigenmächtige
Verhalten der Soldaten (gewöhnliche Konstruktion completa
militibus). — **triclinium:** Speisezimmer. — **CIƆ** = M; (1000)
sc. aderant. — **postridie:** Cäsar wollte am nächsten Tag Cicero
besuchen. — **ac:** und da. — **Barba Cassius:** Die Inversion des
Cognomens findet sich häufig in der familiären Sprache, besonders wenn das Praenomen fehlt. Cassius Barba war Offizier
in Cäsars Gefolge und mit Cäsar und Antonius befreundet. —
defendere: schützen. Die Soldaten mußten sich im Freien aufhalten, sie erhielten keinen Zutritt ins Haus. — **apud Philippum**
(sc. fuit): **esse:** bleiben. — **ad h. VII:** bis 13 Uhr. — **L. Cornelius
Balbus:** Er stammte aus Gades und erhielt 72 für seine Verdienste im Krieg gegen Sertorius von Pompeius das Bürgerrecht. Seit dem Jahre 61 zählte er zu Cäsars engsten Vertrauten.
Im Jahre 44 wurde er als erster Provinziale Konsul. — **bal-
neum:** Bad. — **Mamurra:** Er hatte sich als Cäsars praefectus
fabrum in Gallien und Britannien großen Reichtum erworben,
mit dem er sehr verschwenderisch umging. — **non mutavit:**
Welche unangenehme Nachricht Cäsar von Mamurra hörte, ist
ungewiß. Man könnte vermuten, daß es die Nachricht vom
Tode des Mamurra war, die Cäsar unbeeindruckt hinnahm.
ungere: salben. — **accumbere:** sich zu Tisch legen, sich zu Tisch
setzen. Bei den Mahlzeiten lag man auf Speisesofas. Diese Sitte
kam aus dem Orient. — **ἐμετικὴν agebat:** er wollte (nach dem
Essen) ein Brechmittel nehmen. Die antike Medizin empfahl
Brechmittel als Vorbeugung gegen Verdauungsstörungen. —
ἀδεῶς: ohne Bedenken. — **opipare** (adv.): reichlich. — **appa-
rate:** prächtig. — **condire** (vgl. Konditor): würzen. Das Zitat
stammt von dem Satirendichter Lucilius (ca. 180—102 v. Chr.).

2. **accipere:** aufnehmen, bewirten. — **triclinia:** Auf Ciceros
Landgut befanden sich drei Speisezimmer, in denen das Gefolge Cäsars — in drei Klassen eingeteilt — bewirtet wurde. —
οἱ περὶ αὐτὸν: das Gefolge. — **lautus:** vornehm, fein. —
eleganter: geschmackvoll. — **homines visi sumus:** ich habe mich
als ein Mann von Geschmack gezeigt. — **amabo te** (umgangssprachlich): ich bitte dich. — **eodem ad me** sc. devertaris. —
σπουδαῖον οὐδὲν: nichts Ernsthaftes. Cäsar vermied offen-

97

sichtlich jedes Wort über Politik. — φιλόλογα: Literarisches. — **quid quaeris**: kurz und gut. — **libenter fuit** (= adfuit). — **Puteoli, orum**: Ort an der kampanischen Küste, Lieblingsaufenthalt vieler vornehmer Römer. — **ad Baias**: in Baiae. Berühmter Badeort am Golf von Neapel. — **habes**: rekapitulierende Wendung — **hospitium**: Besuch. — ἐπισταϑμεία: Einquartierung. — **odiosus** (nimmt das Wort gravem vom Anfang des Briefes wieder auf): widerwärtig. — **hic** sc. manebo. — **Dolabella**: Ciceros früherer Schwiegersohn, Anhänger Cäsars. — **dextrā sinistrā ad equum**: rechts und links neben seinem Pferd. Eine Art Parade zu Ehren des Dolabella. Zweigliedrige Asyndeta wie dextra sinistra finden sich oft bei antithetischen Ausdrücken und in sprichwörtlichen Formeln. Sie sind Elemente der Umgangssprache. — **nec usque alibi**: was sonst nirgendwo geschah. — **hoc** sc. audivi. — **Nicias**: Griechischer Grammatiker, der auf dem Landgut des Dolabella wohnte. Er war auch mit Cicero befreundet.

VIII. Ciceros politisches Wirken von Cäsars Ermordung bis zum zweiten Triumvirat

36. Oktavians Besuch bei Cicero (Att. 14,12)

Nach Cäsars Ermordung am 15. März 44 zog sich Cicero auf seine kampanischen Güter zurück. Er hatte zwar keinen Anteil an der Ermordung selbst, billigte aber die Tat. In der allgemeinen Verwirrung ergriff Cäsars Mitkonsul Antonius die Initiative. Er brachte den Staatsschatz, Cäsars Testament und die übrigen Papiere in seinen Besitz und versuchte durch großzügige Verteilung von Privilegien an Einzelpersonen und an Cäsars Veteranen seine Macht zu vergrößern und die testamentarische Adoption des Oktavian zu verhindern. Ende April kam C. Octavius, Cäsars Adoptivsohn und Erbe, aus Epirus nach Rom. Auf dem Weg dorthin besuchte er auch Cicero auf dessen Landgut bei Puteoli. In einem Brief vom 22. April berichtet Cicero seinem Freund Atticus von diesem Besuch.

1. o mi Attice: In der sprachlichen Form des Briefes, den zahlreichen Ausrufen und Fragen spiegeln sich Ciceros Erregung und Unsicherheit wider. Er kritisiert am Anfang des Briefes den schweren Fehler, den man mit der Verschonung des Antonius gemacht habe. — **poena:** Genugtuung. — **dolor:** Erbitterung. — **istim** = istinc (= von Rom). — **ὦ πράξεως …:** welch herrliche, aber zwecklose Tat. Das Zitat stammt aus einer griechischen Tragödie. — **Siculos:** Cicero, der sich durch seine Quästur (75) bei den Siziliern großes Ansehen erworben hatte, vertrat im Prozeß gegen Verres (70) als Patron die Interessen der Provinzbewohner. — **clientela:** Klientelverbindung. — **Latinitas:** das Latinische Bürgerrecht. Dieses Rechtsverhältnis stellte eine Zwischenstufe dar zwischen dem römischen Bürgerrecht und dem rechtlichen Status der peregrini. Es gewährte eine eigene innere Verfassung und Verwaltung. — **verum tamen:** Cicero bricht in seiner Rede ab (Aposiopese). Man könnte etwa hoc feretur ergänzen. — **Antonius:** Er war ein Anhänger Cäsars und mit diesem Konsul im Jahre 44. Er bemächtigte sich nach dessen Ermordung des Staatsschatzes und der von Cäsar hinterlassenen Papiere, die er nach seinem Gutdünken fälschte. So behauptete er, die Verleihung des Bürgerrechtes an die Siculer sei schon von Cäsar beschlossen worden. Cicero richtet sich gegen die Übertragung dieser Privilegien auf weitere Kreise, weil er darin eine klare Entwertung sah. — **legem figere:** ein Gesetz öffentlich anschlagen, bekannt-

geben. — **cives Romani** sc. fierent. — **mentionem** sc. facere. —
Deiotarus: König von Galatien, dem Cäsar zur Strafe für die
Unterstützung des Pompeius sein Reich genommen hatte.
Antonius gab ihm nach Cäsars Tod sein Reich zurück und zwar,
nachdem die Frau des Antonius, Fulvia, zehn Millionen Sester-
zen erhalten hatte. — **sescenta similia** sc. sunt: unzählige ähnliche Fälle gibt es. Der Ausdruck stellt eine rhetorische Übertreibung dar. — **referri:** sich zurückwenden. — **res Buthrotia:**
Die Stadt Buthrotum in Epirus hatte die ihr auferlegte Steuer
nicht völlig bezahlen können. Daher wies Cäsar das Gebiet um
diese Stadt seinen Veteranen zu. Atticus, der in der Nähe ein
Gut besaß, kam der Stadt finanziell zu Hilfe, so daß Cäsar
seinen Beschluß wieder aufhob. Antonius hielt sich aber offensichtlich nicht daran. — **tenere aliqua ex parte:** irgendwie
durchsetzen. — **plura** sc. permittit.

2. Octavius sc. collocutus est: Cäsar hatte Octavius in seinem
Testament adoptiert. Er war zu diesem Zeitpunkt achtzehn
Jahre alt. — **hic:** In Puteoli. — **sui:** seine Anhänger. — **L.
Marcius Philippus:** Er hatte Oktavius' Mutter Atia geheiratet
und war so dessen Stiefvater. Die Adoption, nach der er den
Namen Octavianus erhielt, mußte noch durch Volksbeschluß
anerkannt werden. Daher vermied Philippus die Anrede Cäsar.
— **non:** nicht aber. Auffällig ist die Stellung der Negation.
— **ita multi:** so viele, zu viele. Cicero begegnet Octavian mit
Argwohn und ist der Meinung, dieser könne sich dem Einfluß
seiner Umgebung nicht entziehen. — **haec:** die augenblicklichen Verhältnisse. Damit könnte das Auftreten des Antonius
nach der Ermordung Cäsars gemeint sein oder die Tatsache,
daß der Senat für die Cäsarmörder eine volle Amnestie beschlossen hatte. — **iacēre:** am Boden liegen, ohnmächtig
sein, machtlos sein. — **avēre:** begierig sein, sich sehnen nach. —
Pelopidarum: Der Vers, der wahrscheinlich aus einer Tragödie
stammte, lautete vollständig: Ubi nec Pelopidarum nomen, nec
facta audiam (Wo ich weder von den Namen der Pelopiden,
noch von ihren Taten höre). Die Pelopiden, die Nachkommen
und Verwandten des Pelops, waren wegen ihrer Grausamkeit
berüchtigt. Cicero setzt hier die Cäsarianer mit den Pelopiden
gleich. — **designati:** Die designierten Konsuln Hirtius und
Pansa identifizierten sich nicht eindeutig mit der Sache
der Cäsarmörder Brutus und Cassius. — **declamare:** Rede-
übungen abhalten. — **aquae:** das Bad. — **facilitas:** Gefälligkeit,
Leutseligkeit. — **quondam:** einst (d. h. zu Lebzeiten Cäsars).

3. **quam dudum:** wie lange. — **ut delectem:** Das Verbum delectare gebraucht Cicero oft ohne Objekt. — **utique:** jedenfalls. — **accubare:** bei Tisch liegen, bei Tisch sitzen. — **Vestorius:** Reicher Bankier in Puteoli. — **dialectica, orum:** höhere Bildung. — **arithmetica, orum:** das Rechnen. — **remotum a dialecticis, in arithmeticis satis exercitatum:** Antithese und Chiasmus. Cicero wendet den Chiasmus in seinen Briefen sehr zurückhaltend an, denn er ist für die Umgangssprache untypisch.

37. Oktavians Vorbereitungen zum Kampf gegen Antonius (Att. 16,8)

Ciceros Brief, den er Anfang November 44 von seinem Puteolanum an Atticus schrieb, zeigt deutlich, daß Antonius, Octavianus und D. Brutus sich für die drohende militärische Auseinandersetzung rüsteten. Octavian und Antonius warben um die kampanischen Veteranenkolonien und suchten die aus Mazedonien zurückkehrenden Legionen auf ihre Seite zu bringen.

1. **venturus sim:** In Rom. — **facere, ut:** es einrichten (veranlassen), daß. — **Anagnia:** Stadt in Latium. Dort besaß Cicero ein Landgut. — **familia:** Dienerschaft. — **Kal.** sc. Novembres. — **litterae** sc. venerunt. — **Casilinum** und **Calatia** waren Städte in Kampanien. Dort hatte Cäsar seine Veteranen angesiedelt. — **quingeni denarii:** je 500 Denare. Ein Denar ist eine Silbermünze, die den Wert von 10 asses (= ca. 80 Pfennige) hatte. — **obire:** besuchen. — **spectare, ut:** danach streben, daß. — **vide . . vide:** Die Anapher bringt zum Ausdruck, daß Cicero große Bedenken hat wegen des Namens (Cäsar) und wegen des jugendlichen Alters (19 Jahre) dem Oktavian zu folgen.

2. **Volaterrae:** Stadt in Etrurien. — **legio Alaudarum:** Die Haubenlerchenlegion. Den Namen führte sie nach den Federbüschen an ihren Helmen. Es handelt sich um Cäsars fünfte Legion, die er in Gallien auf eigene Kosten zusammengestellt und mit dem römischen Bürgerrecht beschenkt hatte. — **sub signis:** in militärischer Ordnung. — **excludere:** den Weg versperren. — **legiones Macedonicae:** Diese Legionen waren von Cäsar für den Feldzug gegen die Parther aufgestellt worden. Sie marschierten jetzt auf Anordnung des Antonius nach Oberitalien. — **mare superum:** das Adriatische Meer. — **congiarium:** Geschenk, Handgeld. Antonius hatte den Soldaten je 100 Denare geboten, während Oktavian das Fünffache gab, worauf zwei Legionen

sofort zu ihm übergingen. — **hic:** Caecina. — **convicium facere:** Vorwürfe machen, ausschimpfen. — **contionari** (contio): eine Rede halten. — **quid quaeris:** kurz und gut. Solche und ähnliche mechanisierte Fragen sind in Ciceros Briefen häufig. — **profitetur:** Oktavian. — **Romam:** Cicero hoffte, es käme zu einem offenen Kampf zwischen Oktavian und Antonius, gegen den er schon vor zwei Monaten seine erste Philippische Rede (benannt nach den Reden des Demosthenes gegen Philipp von Mazedonien) gehalten hatte. — **plebecula** (Demin. von plebs) **urbana:** der Pöbel der Hauptstadt. — **fidem facere:** Vertrauen erwecken. Die Patrioten (boni viri) mißtrauten dem Erben Cäsars. — **Brutus:** Die Cäsarmörder Cassius und Brutus befanden sich in Asien, wo sie die für das Jahr 43 noch von Cäsar zugesprochenen Provinzen Syrien und Mazedonien beanspruchten. — **εὐκαιρία:** günstige Gelegenheit. — **divinare:** prophezeien. — **Arpinum:** Geburtsort Ciceros. — **ἀσφάλεια:** Sicherheit. — **explicare:** aufklären. — **ἀπορία** (dat.): in Verlegenheit.

38. Ein letzter Appell an Brutus (Brut. 1,18)

Am 27. Juli richtete Cicero von Rom aus einen erneuten Appell an M. Brutus, mit seinem Heer nach Italien zu kommen, allerdings vergeblich. Dieser Brief, der letzte der ciceronischen Briefsammlung, zeigt, wie sehr Cicero unter der Verpflichtung, die er durch sein Engagement für Oktavian auf sich genommen hatte, litt. Er gibt weiter Zeugnis davon, wie Cicero beständig die Zweifel quälten, ob er wirklich richtig gehandelt habe.

1. exercitum: M. Brutus befand sich noch immer in Griechenland, wo er seit Dezember 44 ein Heer aufgestellt hatte. — **necessarius:** Verwandter. Hier könnte I. Brutus Albinus, der Vetter des M. Brutus, gemeint sein, der als Statthalter der Provinz Gallia Cisalpina vom Senat mit der Verfolgung des Antonius beauftragt worden war. — **mater tua:** Die Mutter des M. Brutus war Servilia, die Stiefschwester des Cato Uticensis und Geliebte Cäsars. Sie war eine der bedeutendsten Frauen dieser Zeit und übte großen Einfluß auf die Politik aus — **consumere:** aufreiben. — **P. Servilius Casca:** Er war einer der Cäsarmörder. Als Volkstribun des Jahres 43 widersetzte er sich den Ehrungen Oktavians und geriet dabei mit Cicero in Streit. — **Labeo:** Einer der Cäsarmörder. — **Scaptius:** Er regelte für Brutus die finanziellen Angelegenheiten. — **referre:** Bericht erstatten. — **conducere:** einträglich sein, nützen. — **commorari:** verweilen.

2. existimatio: Ruf, Ansehen. — **primo quoque tempore:** so bald wie möglich. — **inclinare:** sich neigen. Cicero verwendet hier mit **labi** und **inclinare** t.t. aus dem militärischen Bereich und vergleicht den Staat mit einer wankenden Schlachtreihe. — **victores exercitus:** Decimus Brutus und Oktavian nach der Schlacht bei Mutina. — **fugientem hostem:** Antonius. — **incolumis imperator:** ein unverletzter Feldherr. M. Aemilius Lepidus (Konsul 46), der Statthalter der Provinz Gallia Narbonensis, ging am 29. Mai 43 zu Antonius über. Der Senat erklärte ihn daher zum Staatsfeind. — **adfinis:** verwandt, verschwägert. Lepidus war der Schwager des Brutus. — **in . . . consensu:** Cicero zitiert hier aus einem ehrenvollen Antrag, den er selbst für den jetzigen Verräter Lepidus im Senat gestellt hatte. — **residēre:** sitzen bleiben, zurückbleiben.

3. pro adulescentulo: Oktavian war erst 19 Jahre alt. — **vas, vadis:** In der fünften Philippischen Rede, die Cicero am 1. Januar vor dem Senat hielt, übernahm er gleichsam die Bürgschaft für den jungen Oktavian, dessen patriotische Gesinnung er in den leuchtendsten Farben schilderte. Phil. 5,50—51: Omnes habeo cognitos sensus adulescentis. Nihil est illi re publica carius, nihil vestra auctoritate gravius, nihil bonorum virorum iudicio optatius, nihil vera gloria dulcius ... Audebo etiam obligare fidem meam, patres conscripti, vobis populoque Romano reique publicae ... Promitto, recipio, spondeo, patres conscripti, C. Caesarem talem semper fore civem, qualis hodie est, qualemque eum maxime velle esse et optare debemus. Jetzt aber, einige Monate nach der Schlacht bei Mutina, ist an die Stelle der euphorischen Beurteilung Oktavians Enttäuschung getreten. — **praestare:** einstehen für. — **obligatio** (obligare): Verpflichtung. — **haec** = pecuniae obligatio. — **iactura:** Verlust. — **solvere:** abtragen, abzahlen. — **spondēre:** geloben. — **dependere:** abzahlen. — **facile:** ohne Bedenken. — **hunc:** Oktavian. — **indoles:** Begabung, gute Veranlagung. — **flexibilis** (flectere): lenksam, leicht beeinflußbar. — **depravare** (pravus): verderben. — **acies:** Schärfe. — **praestringere:** stumpf machen, blenden, verdunkeln. — **reliquos** sc. labores. — **omnes adhibere machinas:** alle Hebel ansetzen. — **famam subire temeritatis:** den Ruf des Leichtsinns auf sich nehmen.

4. promissio: Versprechung. — **constantior:** ziemlich standhaft.

5. nodus: Knoten, Schwierigkeit. — **inopia rei pecuniariae:** Geldmangel. — **obdurescere** (incohativum v. obdurare): hart werden, unempfindlich werden. — **vox tributi:** das Wort „Abgabe". — **centesima** (sc. pars.): ein Prozent. Um den Sold für die Truppen aufzubringen, wurde während des Bürgerkrieges von den Begüterten eine Kriegssteuer von 1% erhoben. — **impudens:** unverschämt. — **census:** Einschätzung. Die Einteilung der Bürger in Vermögensklassen und die Durchführung der Vermögenseinschätzungen zum Zweck der Steuerzahlung war Aufgabe des Zensors. — **duarum legionum:** Es handelte sich um die zwei Legionen, die Antonius aus Mazedonien abgerufen hatte (vgl. Brief 37,2). Nach der Schlacht bei Mutina wollte der Senat sie unter den Oberbefehl des D. Brutus stellen. Sie blieben jedoch bei Oktavian. — **defendimur:** Es mußten auch die Heere des Brutus und Plancus unterhalten werden, die der Senat neben Oktavian mit der Kriegsführung gegen Antonius beauftragt hatte. — **ornatus:** ausgerüstet. — **coram** (adv.): persönlich.

6. sororis tuae filiae: Infolge der Ächtung des Lepidus, der am 30. Juni zum hostis erklärt worden war, bedurften seine Frau Junia und seine Kinder der Unterstützung. M. Brutus, der Bruder der Junia, hatte schon in einem früheren Brief Cicero um Hilfe für seine Angehörigen gebeten. — **ducere:** in die Länge ziehen. — **integram causam reservare:** eine Sache unentschieden lassen, eine Sache offenlassen. Die Lage entwickelte sich anders als es sich Cicero gedacht hatte. Denn nach der Ernennung des Oktavian zum Konsul (am 19. August) wurden die Cäsarmörder geächtet. Die Ächtung des Antonius aber hob man wieder auf.

IX. Ciceros Verhältnis zu berühmten Männern seiner Zeit

39. Cicero und Cn. Pompeius (fam. 1,8)

Ciceros Brief an den Prokonsul Lentulus Spinther gibt Aufschluß darüber, in welchem Verhältnis Cicero Anfang des Jahres 55 zu Pompeius stand. Cicero war zu diesem Zeitpunkt schon auf die Linie der Triumvirn umgeschwenkt und war, trotz mancher Enttäuschungen über Pompeius, seit der Rückkehr aus seiner Verbannung (57), von Dankbarkeit gegen Pompeius erfüllt, dessen militärische Leistungen er besonders bewunderte. Das Gefühl der Zusammengehörigkeit ist auch später so stark, daß Cicero sich, allerdings nach längerem Zögern, bei Ausbruch des Bürgerkrieges auf die Seite des Pompeius stellt.

1. **M. Plaetorius:** Prätor des Jahres 66, Freund des Lentulus. — **officium:** Dienstleistung.

2. **tute** = verstärktes tu. — **rationes alicuius adiungere:** sich den Interessen jemandes anschließen. Nachdem Pompeius sich bei der Verbannung Ciceros im Jahre 58 passiv verhalten hatte, setzte er sich erfolgreich für seine Rückkehr aus dem Exil ein. Seitdem fühlte sich Cicero als Schuldner des Pompeius. — **eius** = Pompei. — **in meis rationibus:** bei meinem Vorteil, wo es sich um meinen Vorteil (meine Interessen) handelt. — **sensus in re publica:** politische Ansicht (Urteil). — **rectus:** aufrecht, offen. Obwohl sich Cicero schon längst dem Pompeius angeschlossen hat, unterscheidet er, was er nach seiner grundsätzlichen politischen Gesinnung hätte tun müssen und was er nach der gegenwärtigen Lage tun muß. Es wird hier deutlich, daß er dem Pompeius nicht aus innerer politischer Überzeugung gefolgt ist. — **conformare:** sich anpassen. — **inductio animi:** fester Vorsatz. Wenn Cicero auch hier seine große Zuneigung und Bewunderung zu erkennen gibt, so ist doch auch zu berücksichtigen, wer der Empfänger des Briefes ist. Cicero versteht es nämlich meisterhaft, sich dem Korrespondenten anzupassen.

3. **honoribus amplissimis:** Hinweis auf sein erfolgreiches Konsulat im Jahre 63. — **rem publicam capessere:** die politische Laufbahn einschlagen. Mit seiner politischen Selbständigkeit ist es seit seinem Anschluß an die Triumvirn vorbei. Daher beschäftigte sich Cicero, soweit es seine Verpflichtungen dem Pompeius gegenüber zuließen, mit Schriftstellerei. Dabei ist in erster Linie an sein bedeutendes Werk de oratore zu denken.

4. ratio: das Verhalten. — **abalienare:** entfremden. Seit seinem Konsulat sah Cicero in der engen Verbindung zwischen Senat und Ritterstand (concordia ordinum) eine Möglichkeit, den politischen Niedergang aufzuhalten. Auch jetzt noch, im Jahre 55, scheint er sich innerlich noch nicht von seinem politischen Programm der concordia ordinum gelöst zu haben. — **clarissimum** = Pompeium. Die lobenden Epitheta, die Cicero (auch an anderen Stellen) dem Pompeius gibt, beziehen sich stets auf dessen militärische und persönliche Bedeutung, nicht jedoch auf seine politische Haltung.

5. obtinebis: Es könnte hier an die Durchsetzung eines Triumphes gedacht sein. — **me sibi ille adfixum habebit:** jener wird mich an seiner Seite haben (als drängenden Bittsteller).

6. velim . . . persuadeas: Höfliche Form der Aufforderung. — **sedulitas** (sedulus): Emsigkeit, Geschäftigkeit.

7. rem . . . bene gerere: Als Statthalter der Provinz Kilikien hatte er erfolgreich einen Feldzug gegen die Bewohner des Amanusgebirges geführt und war von seinen Soldaten zum Imperator ausgerufen worden. — **exstare:** sichtbar sein, sich deutlich zeigen.

40. Cicero und Cäsar (fam. 7,5)

Der Anlaß des Briefes, den Cicero im April 54 Cäsar schreibt, ist eine Empfehlung für den jungen Juristen Trebatius. Der Brief gibt aber auch näheren Aufschluß über Ciceros Verhältnis zu Cäsar im Jahre 54. Denn gleich in der Einleitung spricht Cicero von den herzlichen Beziehungen, die zwischen ihnen bestehen. Nach der Erneuerung des Triumvirates in Lucca (56) gab Cicero allmählich seine Opposition gegen die Triumvirn auf und zog sich von der Politik zurück. Wie sehr sich Cäsar seinerseits durch Entgegenkommen und Freundlichkeit um Cicero bemüht, davon zeugt der lebhafte Briefverkehr dieser Zeit. In diesem Zusammenhang muß man auch die Übertragung der Legatenstelle an Quintus Cicero sehen, der zu dieser Zeit nach Gallien geht.
Trotz der Großzügigkeit Cäsars, die er auch nach dem Bürgerkrieg gegen Cicero zeigte, entwickelte sich zwischen ihnen kein inneres Verhältnis, da Cicero in Cäsar in erster Linie den Diktator sah.

1. vide: Der Imperativ am Anfang des Briefes betont die nahe Verbindung zum Adressaten. Der Imperativ ist auch dadurch

zu erklären, daß der Empfohlene häufig das Empfehlungs-
schreiben selbst übergab. — **ego alter**: das zweite Ich. Sprichwörtliche Redensart, die sich schon bei Pythagoras findet.
Cicero bringt dadurch seinen Wunsch nach Gemeinsamkeit und
Freundschaft zum Ausdruck. — **mihi persuaserim**: Der Ausdruck hebt Ciceros subjektive Meinung hervor (Vgl. im weiteren
Verlauf des Briefes: cogitaram — putaram — coepi velle —
promisi). — **meos**: Verwandte und Freunde. — **C. Trebatius
Testa**: Er war ein bedeutender Jurist (geb. ca. 89) und Freund
Ciceros. — **exire**: Als Pompeius nach seinem zweiten Konsulat
(55) Spanien als Provinz erhielt, wollte er Cicero als Legaten
dorthin mitnehmen, um ihn noch mehr an sich zu binden. —
studiis, beneficiis: Zweigliedriges Asyndeton bei sinnverwandten
Begriffen. — **ornatus**: versehen mit. — **postea quam**: seitdem.
Das Imperfekt bezeichnet die noch nicht abgeschlossene Handlung. — **commoratio**: das Verweilen, die Verzögerung. Pompeius dachte nicht daran, die Statthalterschaft Spaniens, die
er auf fünf Jahre erhalten hatte, anzutreten. — **non ignota**:
Litotes (Vgl. auch neque . . . minus prolixe und non inepti).
Durch die negative Formulierung erzielt Cicero eine größere
Eindringlichkeit. — **dubitatio**: Unschlüssigkeit. Das Wort erscheint Cicero etwas ungewöhnlich, so daß er **quaedam** hinzu-
setzt. Cicero hatte zu diesem Zeitpunkt wohl nicht mehr die Absicht, Rom zu verlassen, solange sein erbitterter Feind Clodius
ihm noch schaden konnte. — **tardare**: verzögern. — **sibi aliquid
sumere**: sich etwas herausnehmen. Je geringer für Cicero die
Aussicht wurde, als Legat des Pompeius nach Spanien zu gehen
und Trebatius dorthin mitzunehmen, desto mehr befaßte er
sich mit dem Gedanken, Cäsar könne seine Verpflichtungen
einlösen und Trebatius in die cohors amicorum aufnehmen. —
coepi velle: es kam mir der Wunsch. — **mercule = mehercule**:
Umgangssprachliche Wendung, welche hier das ungewöhnliche
Versprechen Ciceros betont. — **prolixus**: reichlich. — **prolixe
promittere**: Im Lateinischen steht hier ein Adverb, wo man im
Deutschen ein Objekt erwarten würde. — **promittere-polliceri**:
Polliceri steht als das stärkere Wort am Schluß des Satzes,
promittere erhält noch den Zusatz **prolixe**, um ein Gleichgewicht
herzustellen.

2. **humanitatis**: Komplimente für Cäsars Großmut finden sich
noch §3: comitate; benevolentia und fide. — **sponsor** (spondēre):
Bürge. — **L. Cornelius Balbus**: vgl. Brief 35,1. — **accuratus**:
ausführlich. — **M. Titinius**: Er war der Sohn des Q. Titinius,

eines Bankiers und Freundes des Atticus. — **Q. Lepta**: Er
war während Ciceros Statthalterschaft in Kilikien dort praefectus fabrum. — **delegare**: zuweisen. — **manus tollere**: als Zeichen
des Erstaunens. — **opportunitas**: günstiger Umstand. — **divinus**
von Gott gefügt. Durch **fortuitus** korrigiert Cicero die Worte
casus mirificus (Anfang § 2). — **mitto**: Bezieht sich auf Cäsars
Worte **tu ad me alium mitte**. — **invitatus, us**: Einladung. Dieses
Wort paßt gut zu der gewählten Ausdruckweise des Briefes. Es
ist eine Neubildung Ciceros (ebenso wie putidiusculus § 3 Ende),
die sich allerdings im Sprachgebrauch nicht weiter durchgesetzt
hat. — **ducere**: glauben.

3. mi Caesar: Es beginnt nun die eigentliche Bitte. — **com-
plectari aliquem**: jemanden umarmen, jemanden in sein Herz
schließen. — **comitas**: Freundlichkeit, Leutseligkeit. — **per me**:
mir zuliebe. — **spondēre**: sich verbürgen. — **de Milone**: Der
Optimat Milo, Gegner des Clodius und der Triumvirn, wollte
sich für das Jahr 52 um das Konsulat bewerben. Cicero muß
ihn wohl mit einem Wort (vetere verbo), das den Spott Cäsars
herausforderte, empfohlen haben. — **more Romano**: echt römisch. Gegensatz zu **vetere more**. — **ineptus**: ungeschickt,
töricht. — **pudens**: sittsam, bescheiden. — **familiam ducere**:
(eine Truppe anführen), eine führende Stellung einnehmen. —
tribunatus sc. militum: Junge Römer im Gefolge eines Feldherrn erhielten häufig militärische Ehrenstellen, ohne daß sie
dafür eine Qualifikation besaßen. Die Stellen wurden gleichsam
als Titel verliehen. — **praefectura**: Kommandostelle, höhere
Offiziersstelle. — **certum nomen**: eine bestimmte Bezeichnung.
— **insigne**: Auszeichnung. — **gloriola**: ein bißchen Ruhm. Das
Deminutivum gebraucht Cicero in leicht abwertendem Sinne,
da es hier im Gegensatz zu gloria nicht den wahren Ruhm,
sondern nur den äußeren Glanz bezeichnet. — **de manu in manum**: Sprichwörtliche Redensart. — **fides**: Vertrauen, Auf-
richtigkeit, Treue. **Fides** ist die Eigenschaft, die sich besonders
im Verhältnis zwischen Patronus und Klienten vor Gericht
zeigt. Sie spielt auch zwischen Sieger und Besiegten eine große
Rolle, indem nämlich der siegreiche Feldherr seiner Verpflichtung zur Schonung und Milde (clementia) gegenüber dem Unterworfenen nachkommt. — **putidiusculus**: ein wenig zudring-
licher. Die Deminutiva von Komparativen gehören der Umgangssprache an. — **me ... ama**: sei mir verbunden. — **amas,
ama**: Polyptoton (vgl. auch mitto-mittendum; de manu in
manum; licet-licebit).

41. Cicero und Oktavian (Brut. 1, 17, 4—6)

In seinem Brief an Atticus (vom Juni 43) beklagt sich Brutus über das Verhalten Ciceros und hofft, Atticus werde infolge seines Einflusses seinen Freund Cicero von der Seite des Oktavian fernhalten.

Nach der Ermordung Cäsars (15. März 44) kam der achtzehnjährige C. Octavius, von Cäsar testamentarisch adoptiert, aus Griechenland nach Rom, um sein Erbe anzutreten. Auf seinem Weg dorthin stattete er Cicero auf dessen Landgut bei Puteoli einen Besuch ab und suchte ihn für sich einzunehmen. In der folgenden Zeit stellte Octavius, der infolge der Adoption den Namen Octavianus annahm, ein Privatheer auf und besiegte nach längeren militärischen Auseinandersetzungen den C. Antonius bei Mutina (43 v. Chr.). Gegenüber dem Senat setzte Oktavian seine Wahl (zusammen mit seinem Verwandten Q. Pedius) zum Konsul für das folgende Jahr durch. Ende Oktober aber schloß er in Bononia (Bologna) das zweite Triumvirat mit Lepidus und Antonius.

Brutus, das zeigt dieser Brief deutlich, mißtraute Octavian und sah in ihm einen Feind der republikanischen Freiheit, der die Alleinherrschaft anstrebte. Cicero dagegen bewunderte den Großmut, den Oktavian gegen die Anhänger und Mörder des C. Iulius Cäsar geübt hatte, und seine große politische Energie. Nach anfänglichem Argwohn (vgl. Brief 36,2) hatte Cicero sich dem Oktavian genähert und seinen politischen Aufstieg durch verschiedene Anträge im Senat gefördert. Cicero sah in seiner Annäherung sicherlich auch eine Chance zur Rettung der res publica. Daß sich seine Hoffnungen letztlich nicht erfüllten und daß sich die Beurteilung des Brutus als richtig erwies, lag auch an der starren Haltung des Senates, der den neunzehnjährigen Oktavian unterschätzte und nicht akzeptierte.

4. timemus: Mit **timemus** meint Brutus ironisch Cicero, der schon **exsilium** und **paupertas** hatte erdulden müssen. — **servitutem:** Brutus, der in Oktavian einen gefährlichen Gegner der res publica sah, macht Cicero hier den Vorwurf der Ruhmsucht und Unterwürfigkeit. Cicero ließ sich durch das geschickte Taktieren Oktavians gewinnen, bewunderte ihn und bemühte sich, ihn durch Anträge im Senat zu unterstützen. Er verzichtete in dieser Zeit auch auf eine Wahl zum Konsul, die Oktavian ihm angeboten hatte, um bei niemandem Anstoß zu erregen.

5. patrem: Oktavian schaute zu Cicero wie zu einem Vater auf. — **Octavius:** Brutus gebraucht hier nicht den Namen Octavianus oder Caesar, da er von der Adoption keine Kenntnis nimmt. — **referre:** schenken. — **sensus:** Empfindung. — **alienus:** unpassend, unvereinbar. — **numerus:** Rang. — **tendere:** streben. — **exitus:** Ziel. — **propitius:** gewogen, gnädig. Dieses Wort wird häufig von den Göttern gebraucht. — **scripsit:** Gemeint sind in erster Linie Ciceros philosophische Schriften. — **copiose:** wortreich. — **callēre:** Schwielen haben, Erfahrung haben. — **M. Philippus** (Kons. 56): Er heiratete 58 Cäsars Nichte Atia, die Mutter des Oktavian, und wurde so dessen Stiefvater. — **privignus:** Stiefsohn. — **tribuere:** Zugeständnisse machen. — **dolores:** Erbitterung. — **insectari:** verhöhnen. Brutus kritisiert, daß Cicero sich gerühmt habe, durch seine Philippischen Reden Antonius besiegt zu haben, den die Cäsarmörder Cassius und Brutus verschont hätten. — **nostrā** sc. interest. — **alii** = Octaviano.

6. dubia: zweifelhaft, ungewiß. Antonius ist nicht endgültig besiegt. Atticus, der mit Antonius in freundschaftlicher Verbindung stand, war offensichtlich durch Briefe über die wirkliche Lage unterrichtet und rechnete damit, daß Antonius wieder an Macht gewann. Tatsächlich kam es Ende Oktober zu einer Zusammenkunft in Bononia und zum zweiten Triumvirat. — **supplex:** demütig bittend. Cicero hatte sich in einem Brief an Oktavian für die Cäsarmörder verwandt, was Brutus ihm sehr übelnahm. — **obnoxius:** untertänig. — **regnum:** Gewaltherrschaft, Tyrannei. Ebenso verband der Römer mit dem Wort rex die negative Bedeutung des Tyrannen. — **quin:** Von **deterrear** abhängig. — **numquam existimavi:** In der Beurteilung Oktavians gehen die Meinungen Ciceros und Brutus weit auseinander. — **amare-diligere:** Vgl. zu Brief 2,5. — **stomachari:** sich ärgern. — **amantissimus:** sehr zugetan. — **voluntas propria:** persönliche Zuneigung. — **remitti:** nachlassen, aufhören. — **largiter:** reichlich. — **neque impetrari potest** = fieri non potest. —

7. condiciones: Heiratsbedingungen. Es handelte sich hier um Attica, die Tochter des Atticus. Dieser war mit den Vermögensverhältnissen der Bewerber nicht zufrieden. — **Porcia:** Tochter des Cato Uticensis und Frau des Brutus.

42. Cicero und Cato (fam. 15,6)

Aus Tarsus, der Hauptstadt Kilikiens, schreibt Cicero (Ende Juli des Jahres 50) den folgenden Brief an M. Cato.

Der Senat hatte kürzlich für Ciceros militärische Erfolge in Kilikien ein Dankfest (supplicatio) beschlossen, wobei Cato gegen den Beschluß gestimmt hatte. Dieser hatte zwar Cicero außerordentlich gelobt, hatte aber die Meinung vertreten, ein persönlicher Dank an Cicero sei viel wertvoller. In Wirklichkeit schätzte er aber wohl Ciceros militärische Erfolge nicht sehr hoch ein. Cicero ist zwar enttäuscht über Catos Verhalten, versteht es aber geschickt, seine Gefühle zu verbergen, indem er in höflicher Form Cato seinen Dank ausspricht für sein positives Urteil vor dem Senat. Denn als führender Politiker der Optimaten besitzt der ehemalige Volkstribun (62) und Prätor (56) Cato einen großen Einfluß, so daß Cicero ihn nicht verletzen will. Noch immer hofft Cicero nämlich auf einen Triumph und bemüht sich, Catos Zustimmung zu gewinnen.

Cato, der Adressat des Briefes, galt als sittenstrenger Mann, der als Anhänger der Stoa unerschütterlich an seinen Prinzipien festhielt und der sich stets an den Tugenden der Vorfahren orientierte.

1. laetus sum: Der Vers stammt aus einer verlorenen Tragödie des Naevius (279—204 v. Chr.) mit Namen Hector proficiscens. — **opinor:** Cicero gibt sich hier den Anschein der Unwissenheit in literarischen Dingen. — **ego vero:** was mich also betrifft. — **testimonium sententiae:** das Zeugnis, das mir durch deine Rede gegeben wird. — **amplus:** ehrenvoll. — **amicitiae dare:** der Freundschaft gewähren, aus Freundschaft tun. — **veritati dare:** der Wahrheit gewähren. Hinter den höflichen Worten Ciceros verbirgt sich die Enttäuschung, daß Cato aus Freundschaft zu ihm nicht mehr getan hat. Att. 7,2,7 dagegen äußert er seine Gedanken ganz deutlich: Hortensius quid egerit, aveo scire, Cato quid agat; qui quidem in me turpiter fuit malevolus: dedit integritatis, iustitiae, clementiae, fidei testimonium, quod non quaerebam; quod postulabam, negavit. Itaque Caesar iis litteris, quibus mihi gratulatur et omnia pollicetur, quo modo exsultat Catonis in me ingratissimi iniuriis.—**liquido** (adv.): klar, ohne Bedenken. Cicero ist der Überzeugung, daß die lobende Stellungnahme Catos im Senat (vgl. Brief 20,1) nicht nur aus Freundschaft geschah, sondern seine wirkliche Meinung darstellt. — **non modo** — **verum etiam:** ich will nicht sagen — sondern nur. — **currus** sc. triumphalis: Triumphwagen. — **laurea** sc. corona: Lorbeerkranz. Die äußeren Abzeichen des Triumphators (Triumphwagen und Lorbeerkranz) stehen für den Triumph selbst. — **ad meum sensum:** für mein Gefühl. —

sincerus: unverfälscht. — **subtilis:** fein, fein unterscheidend.
Illud iudicium bezeichnet im Gegensatz zu der Anschauung der
Menge, welche die äußeren Ehrungen für die wahren Ehren
hält, das Urteil des philosophisch gebildeten Staatsmannes Cato.
— **nihil potest esse laudabilius:** Durch diese extreme Formulierung will Cicero zum Ausdruck bringen, daß das Lob Catos die
höchste überhaupt mögliche Auszeichnung darstellt. — **ea tua
oratio:** Obwohl Cato im Senat gegen den Antrag stimmte,
äußerte er sich sehr lobend über Cicero (vgl. Cael. fam. 8,11,2:
qui [Cato] de te locutus honorifice non decreverat supplicatio-
nes. Vgl. auch Brief 20,1).

2. **voluntas:** der Wunsch (nach einem Dankfest). — **cupiditas:**
leidenschaftliches Verlangen (Steigerung zu **voluntas**). Cicero
möchte einem möglichen Einwand, sich allzu sehr um eine
supplicatio bemüht zu haben, entgegentreten. — **quae** =
voluntas. — **iusta:** berechtigt. — **ratio:** vernünftiger Grund. —
honos: Damit können die supplicatio oder ein triumphus gemeint sein. — **concupiscere:** begehren. — **videatur** (beim verneinten Gerundivum): wohl. — **ordo** = senatus. — **usitatus:**
Eine Verweigerung des üblich gewordenen Triumphes sieht
Cicero als eine Zurücksetzung an. Der Senat war aber seit
einiger Zeit bemüht, die hohe Zahl der Triumphe einzuschrän-
ken. — **non indignum:** Litotes. Durch diese Stilfigur betont
Cicero besonders seine Verdienste, die einen Triumph rechtfertigen. — **existimaturum** sc. esse. — **quod si ita erit:** Wenn im
Senat doch noch über einen Triumph verhandelt werden sollte.
— **ex te peto:** Davon ist abhängig **ut gaudeas,** si id . . . acciderit.
— **scribis** sc. te fecisse: Cicero bedient sich der Worte, die Cato
in seinem Brief an Cicero (Brief 20,3) gebraucht hat. — **id,
quod maluero:** Umschreibung für den Triumph. — **scribendo
adfuisti:** Zu den Senatoren, die für die schriftliche Abfassung
des Senatsbeschlusses zuständig waren, gehörte auch Cato.
Cicero sah darin einen besonderen Beweis seiner Freundschaft.
Die Namen der Senatoren wurden dem Beschluß vorangestellt.
Cicero hofft infolge des positiven Urteils, das Cato in seiner
Rede und in seinem Brief geäußert hat, könnte er einen entsprechenden Senatsbeschluß tolerieren. — **propediem:** nächstens
(nach Beendigung seiner Statthalterschaft in Kilikien). — **res
publica:** politische Lage.

43. Cicero und Antonius (fam. 10, 1)

Der Adressat des Briefes, L. Munatius Plancus (Konsul 42 v. Chr.), hatte sich als Cäsars Legat im Bürgerkrieg in Gallien, Spanien und Afrika ausgezeichnet. Daher machte Cäsar ihn im Jahre 44 zum Statthalter der Provinz Gallia Transalpina, wo er die römischen Kolonien Lygdunum (Lyon) und Colonia Raurica (Augst) gründete. Als nach Cäsars Ermordung der Krieg mit Antonius ausbrach, bemühte sich Cicero, den M. Plancus, dessen republikanische Gesinnung ihm bekannt war, für den Kampf des Senates gegen Antonius zu gewinnen.

Der Brief fam. 10,1, den Cicero Anfang September 44 aus Rom an den amtierenden Statthalter M. Plancus schickt, ist wie nicht wenige ciceronische Briefe dieser Zeit der Versuch, eine Koalition der Provinzstatthalter gegen Antonius zustande zu bringen.

M. Plancus, der in den Augen Ciceros durch seinen Widerstand gegen Antonius und durch sein Konsulat (im Jahre 42) zum Retter des Staates werden kann, erscheint hier als das Gegenbild zu M. Antonius und seiner ungesetzlichen Herrschaft. Die tendenziöse Darstellung des M. Antonius, durch den das politische Leben in Rom unterdrückt, der Fortbestand des Staates und die Freiheit der Bürger gefährdet werden, soll Plancus veranlassen, Brutus und Cassius in ihren militärischen Aktionen gegen Antonius zu unterstützen und Cicero in seinem politischen Kampf zu stärken.

1. et afui proficiscens in Graeciam: Cicero beginnt mit einer Entschuldigung, daß er dem Plancus nicht eher geschrieben habe. Cicero war im Juli 44 abgereist, um dem Antonius auszuweichen. Er wollte seinen in Athen studierenden Sohn besuchen. Seine Reise ging über Puteoli und Rhegion nach Syrakus, von wo er die Überfahrt nach Griechenland antrat. Heftige Winde trieben ihn jedoch an die Küste von Rhegion zurück. Hier erhielt er die Nachricht, die politische Lage habe sich geändert und der Senat sei einberufen worden. So entschloß er sich zur Umkehr und traf am 31. August in Rom ein. Hier wurde es aber bald deutlich, daß Antonius nicht bereit war einzulenken. Am 2. September hielt Cicero die erste Rede gegen Antonius im Senat. — **de medio cursu:** mitten von der Fahrt weg. — **rei publicae ... voce:** Die Sorge um den Staat veranlaßt Cicero, sich der republikanischen Partei gegen Antonius zur Verfügung zu stellen. — **insolentia:** Überheblichkeit. — **vulgaris, e:** alltäglich. — **immanitas:** Unmenschlichkeit, Grausamkeit. Im-

manitas ist gegenüber dem Synonymon crudelitas der gewähltere und stärkere Ausdruck. So kennzeichnet das Wort überwiegend Ciceros erbittertste Gegner Piso, Catilina (1,14; 4,11), Antonius (Phil. 11,1; 12,36), dessen Anhänger (Phil. 13,2) und C. Verres (II,3,64; II,5,123; 145; 153). Cicero schildert in düsteren Farben den Antonius. Diese negative Charakterisierung stellt eine Begründung und Entschuldigung zugleich dafür dar, daß Cicero die Senatssitzungen nicht besuchte, wenn der Konsul Antonius anwesend war. — **satis facere:** genug leisten (Anspielung auf Phil. 1,38: mihi fere satis est, quod vixi, vel ad aetatem vel ad gloriam). — **exspectatio:** Oktavian hatte für das Jahr 43 Hirtius und Pansa, für das Jahr 42 D. Brutus und Plancus zu Konsuln bestimmt. Cicero ist der Meinung, nur durch das Konsulat des Plancus sei die Rettung des Staates zu erwarten. — **longus:** weit, in weiter Ferne. — **spiritum ducere:** das Leben zubringen. — **impotens:** zügellos. — **armis oppressa sunt omnia:** Cicero vermittelt hier dem Plancus ein Bild vom politischen Leben in der Hauptstadt, das nicht den tatsächlichen Verhältnissen entspricht. Denn das ganze politische Leben wird nicht durch die Tyrannei des Antonius beherrscht, sondern die einzelnen Parteien hielten sich in etwa die Waage. — **simulacrum:** Schattenbild, Schatten. — **civitas:** ein wirklicher Staat (in dem die Bürger ihre Rechte wahrnehmen können).

2. acta, orum: Tagesereignisse (aus dem politischen und privaten Bereich). Sie wurden den in den Provinzen weilenden Römern durch Bekannte vermittelt. Seit 59 hatte Cäsar eine Art Zeitung (acta diurna) eingeführt, welche die Tagesnachrichten und Ereignisse aus dem öffentlichen und privaten Leben enthielt und in Abschriften bis in die entferntesten Provinzen geschickt wurde. — **amorem suscipere:** Zuneigung empfinden. — **a tua pueritia:** Der Hinweis auf die alte Familienfreundschaft ist verknüpft mit Schmeicheleien über die Wichtigkeit des Konsulats (von 42) und dem politischen Anliegen Ciceros. — **monere ... hortari:** Hendiadyoin. — **incumbere in aliquid:** sich auf etwas verlegen, mit Macht eintreten für. — **ad tuum tempus:** bis zur Zeit deines Konsulates. — **perduci:** dauern. — **gubernatio:** Häufig gebrauchter Vergleich des Staatsmannes mit dem Steuermann eines Schiffes.

3. aliquanto ante: eine gewisse Zeit vorher (vor dem Konsulat). Cicero rechnete damit, daß Plancus nach Beendigung seiner Statthalterschaft sich in Rom um die Konsulwahlen kümmern werde. Aber der Senat verlängerte am 20. Dezember 44 die

Statthalterschaft. — **habebimus:** in Rom. — **dignitati ita fave-mus:** Plancus hatte nach Gründung der Kolonie Raurica verschiedene Kämpfe gegen die Bewohner dieser Gegend geführt und war von seinen Soldaten zum Imperator ausgerufen worden. Er hoffte nun auf die Bewilligung eines Dankfestes und eines Triumphes. Cicero verspricht, sich für die Interessen des Plancus im Senat einzusetzen.

4. Furnius: Unterfeldherr des Plancus. Im Bürgerkrieg stand er auf Cäsars Seite, der ihn mehrfach als Vermittler zu Cicero schickte. — **dignitas:** Rang. — **iudicium:** gute Beurteilung, Achtung. — **conferre in aliquem:** aufwenden für jemanden.

44. Cicero und Brutus (Brut. 2,1)

M. Iunius Brutus hatte im Bürgerkrieg auf seiten des Pompeius gestanden, war nach der Schlacht bei Pharsalus (48) von Cäsar begnadigt und später in sein Gefolge aufgenommen worden. Im Jahre 46 machte ihn Cäsar, der ihn sehr schätzte, zum Statthalter von Gallia Cisalpina und zum Prätor für das Jahr 44. Auch mit Cicero war er freundschaftlich verbunden. Davon zeugen der umfangreiche Briefwechsel und die Widmung mehrerer Schriften Ciceros (Brutus, Paradoxa Stoicorum, Orator, Tusculanae Disputationes, de natura deorum). Nach der Ermordung Cäsars, bei der er mit Cassius die führende Rolle gespielt hatte, mußte er sich aus Rom und später aus Italien zurückziehen. Seit Dezember 44 stellte er in Griechenland ein Heer auf. Der vorliegende Brief ist Ende März/Anfang April 43, kurz vor der Entscheidungsschlacht bei Mutina, abgefaßt.

1. scribebam: Tempus des Briefstils. — **res:** Die entscheidende Schlacht bei Mutina. Decimus Brutus, der Vetter des Cäsarmörders M. Brutus, Statthalter der Provinz Gallia Cisalpina, hatte erkannt, welch strategisch wichtige Stellung diese Provinz hatte, und war entschlossen, sie gegen Antonius zu verteidigen. Antonius belagerte ihn in Mutina, bis Oktavian, der Konsul Hirtius und schließlich auch der Konsul Pansa (am 19./20. März 43) mit einem Heer ihm zu Hilfe kamen. Antonius erlitt am 26. April 43 bei Mutina eine so entscheidende Niederlage, daß er sich fluchtartig zurückzog. — **in extremum discrimen adduci:** in die äußerste Entscheidung geraten. — **ducibusque:** Gemeint sind Oktavian und die Konsuln Hirtius und Pansa. Diese beiden Konsuln hatten sich unter Cäsar in Gallien ausgezeichnet. Hirtius war im Jahre 44 als praefectus urbis Cäsars Stellvertreter,

Pansa war 45/44 Statthalter von Gallia Cisalpina. Cicero schätzte die politischen Fähigkeiten der beiden Konsuln nicht hoch ein. — **condemnare:** verurteilen, tadeln. — **rem publicam reciperare:** die Macht im Staate wiedergewinnen. — **sententiam dicere:** einen Antrag stellen. — **procrastinare:** verschieben. Ciceros Kritik richtet sich gegen das Verhalten des Senates, der im Jahre 43 seinem Antrag, Antonius zum Feind des Vaterlandes zu erklären und sofort den Krieg gegen ihn zu beginnen, nicht folgte.

2. gradus: Stufe, Stellung. — **nimirum:** allerdings, natürlich. — **gubernaculum:** das Ruder. Die Anforderungen, die Cicero an den Staatslenker stellt, hat er in seinem philosophischen Werk de re publica niedergelegt. Er hat sich bemüht, dem dort geschilderten Staatsmann nachzustreben. Nach der Ermordung Cäsars wurde Cicero für kurze Zeit Vorkämpfer des Senates und der Republik. Besonders nach dem Weggang der beiden Konsuln Pansa und Hirtius aus Rom gelang es ihm noch einmal, zum führenden Bürger im Staate zu werden.

45. Cicero und C. Memmius (fam. 13,1)

Dieser Brief ist ein Empfehlungsschreiben an C. Memmius, den Schwiegersohn des Sulla, der nach Bekleidung des Volkstribunates (66), der Prätur (58) und seiner Statthalterschaft in Bithynien (57) sich schließlich um das Konsulat bewarb (54). Während er zunächst ein erbitterter Gegner Cäsars war, gab er später diese Opposition auf, so daß ihn Cäsar bei seiner Konsulatsbewerbung unterstützte. Im Jahre 53 wurde Memmius wegen Wahlbetruges (ambitus) verurteilt und ging in die Verbannung nach Athen. C. Memmius war literarisch interessiert, schrieb selber Gedichte und war mit dem Dichter Catull befreundet, der sich während seiner Statthalterschaft in seinem Gefolge befand. Der Dichter Lukrez widmete ihm sein epikureisches Lehrgedicht de rerum natura, doch scheint sich Memmius bald von der Lehre Epikurs abgewandt zu haben. Denn im Jahre 51 ließ er sich vom Areopag in Athen die Erlaubnis geben, das Haus des Epikur abzureißen und an seiner Stelle einen Neubau zu errichten. Patro, der Vorsteher der epikureischen Schule, wandte sich an Atticus, welcher der Lehre Epikurs nahestand, und durch diesen an Cicero mit der Bitte, sich bei Memmius für ihn einzusetzen. So richtete Cicero Anfang Juli 51 von Athen aus den vorliegenden Brief an Memmius, der sich zu diesem Zeitpunkt in Mytilene befand. Mit großem

Geschick und Einfühlungsvermögen erledigte Cicero die schwierige Aufgabe, so daß Memmius die Baupläne aufgab.

1. mihi constat (constitit): es steht für mich fest, ich bin mir gewiß (mit abhängiger Doppelfrage). — **Athenis:** Memmius war von Athen nach Mytilene weitergereist, so daß Cicero ihn nicht antraf. — **molestia:** gedrückte Stimmung, Verdruß. Wegen der augenblicklichen Lage des Memmius. — **iniuria:** Seine Verbannung wegen ambitus. — **laetitia** sc. adficeret. — **commodus:** passend. — § 1 beginnt mit einer captatio benevolentiae, indem Cicero seine Anteilnahme am Schicksal des Memmius zum Ausdruck bringt und sein Bedauern äußert, ihn nicht persönlich angetroffen zu haben.

2. conficere: erledigen. — **mea** sc. interesse. — **nullam in partem:** überhaupt nicht. — **ita ... ut:** nur unter der Bedingung, daß. — **Patro:** Der Vorsteher der epikureischen Schule. — **mihi omnia sunt cum:** ich bin freundschaftlich verbunden mit — **observare:** verehren, achten. Memmius war früher in Rom mit Patro befreundet gewesen. — **de suis commodis et praemiis:** Die Vorteile bestanden zunächst in seiner Ernennung zum Vorsteher der epikureischen Schule als Nachfolger des Phädrus, dann in Vergütungen für seine Lehrtätigkeit. — **Phaedrus:** Er war Ciceros Lehrer in der epikureischen Philosophie gewesen, während Philo, seit 110 Schulhaupt der Akademie, Cicero in der platonischen Philosophie unterrichtete. — **probari:** gefallen.

3. placare alicui: mit jemanden versöhnen. Memmius hatte sich offenbar mit Patro überworfen. — **nescio quid illud:** Im abwertenden Sinne gebraucht. — **parietinae, arum:** altes Gemäuer. Epikur hatte sein Haus und seinen Garten seinen Schülern vermacht. — **consilium aedificationis:** Bauplan. — **idem** = Patro. — **abicere aedificationem:** den Bau (Bauplan) aufgeben.

4. plane nihil (vgl. § 2 nullam in partem): überhaupt nicht. — **offensiuncula** (Demin. v. offensio): ein kleines Ärgernis. Durch das Deminutivum will Cicero die Sache bewußt herunterspielen. Patro und einige Epikureer hatten durch die Art ihres Auftretens Memmius wahrscheinlich verärgert. — **perversitas:** Verkehrtheit im Benehmen. — **aliquorum:** Dieser Ausdruck bagatellisiert ebenfalls die Angelegenheit, indem die Beteiligten als ganz unbedeutende Leute bezeichnet werden, die man nicht so recht ernst nehmen könne. — **gens:** Sippe, Gesellschaft, Art. Mit **gens** bezeichnet Cicero die Schule der Epikureer. — **se dare**

ad lenitatem: sich zur Milde herablassen, sich milde zeigen. — **tanto opere** = tantopere. — **repugnare:** sich widersetzen, sich sträuben. — **nisi tamen:** nur, jedoch (Nach einem verneinten Satz wird eine Ausnahme hinzugefügt). — **laborare** (Subjekt zu **concedi potest**): sich etwas daraus machen, sich Sorgen machen. — **sine causa:** Mit dieser Formulierung verfolgt Cicero dieselbe Absicht wie mit den Worten parietinarum (§ 3), offensiuncula, aliquorum und gentem: Er setzt die Wichtigkeit der Sache herab. Außerdem beruft er sich auf die Überlegenheit des Römers gegenüber den Griechen und appelliert an die Großzügigkeit des Memmius (vgl. lenitas, humanitas). — **oratio:** die Begründung (seines Antrages). — **causa:** Sachverhalt. — **testamentorum ius:** Epikur hatte in dem heute noch erhaltenen Testament seinem Nachfolger Hermarchos und der epikureischen Schule seinen gesamten Besitz vermacht. — **honorem . . . dicit:** Der Satz enthält die Begründung der Ansprüche aus der Sicht des Patro. — **vitam rationemque:** Cicero betont hier die Einheit von Leben und Lehre der Epikureer. — **deridēre:** verspotten. Cicero ist ein Gegner der Lehre Epikurs. — **mehercules** = me hercules. Bei Cicero häufig gebrauchte Bekräftigungsformel der Umgangssprache. — **peccare:** einen Fehler machen, sich vergehen. — **ineptiae, arum:** Torheit.

5. ne plura sc. dicam. — **nihil est . . . carius:** Solche und ähnliche extreme Ausdrücke finden sich häufig in Ciceros Briefen. Atticus, das möchte Cicero hier sagen, ist sein bester Freund, dem er sich in besonderem Maße verpflichtet fühlt. Daher haben die Bitten des Atticus bei Cicero ein großes Gewicht. — **isti:** die Epikureer. — **politus:** ausgebildet, gebildet. — **diligit** — **amat:** Amare erscheint hier als Steigerung zu diligere. — **ambitiosus:** ehrgeizig. — **ut nihil umquam magis:** wie niemals bisher. — **nutus, us:** Wink. — **illiberalis:** ungefällig. — **ut scribas:** Patro befindet sich in Mytilene, von wo er seinen Anhängern schreiben soll. — **Areopagitae:** Die Mitglieder des athenischen Gerichtshofes (Areopagus), der auch für baupolizeiliche Angelegenheiten zuständig war. — **ὑπομνηματισμόν:** Aufzeichnung des Ratsbeschlusses. — **tollere:** aufheben.

6. sic . . . habeto: sei davon überzeugt.

46. Cicero und T. Titius (fam. 5,16)

Titus Titius, ein Legat des Pompeius und guter Freund Ciceros, hat seine beiden Söhne in Spanien durch den Tod verloren. In einem Beileidsschreiben, das Cicero wahrscheinlich im Frühjahr 46 verfaßt hat, versucht er, dem Titius Trost zu spenden und führt im wesentlichen drei Trostgründe an. Die philosophischen Gedanken dieses Briefes lassen auf eine intensive Beschäftigung mit der Philosophie schließen, der sich Cicero in seinen literarischen Arbeiten dieser Zeit zugewandt hatte.

1. accomodatus: geeignet. — **tantum ... doloris:** Auffällig ist hier die Länge des Hyperbatons. Die Weite der Sperrung ist zu erklären aus dem emphatischen Charakter des Satzes. — **molestiae:** Kummer. — **tam diu** sc. quam iam tacui. Cicero entschuldigt sich, daß er mit seinem Trostschreiben so lange gewartet habe.

2. consolatio: Im folgenden erläutert Cicero in drei Sätzen (ut-meminerimus; ne-feramus; ut-cogitemus), worin die consolatio besteht. — **pervulgatus:** sehr bekannt. — **tela fortunae** (metaphorischer Gebrauch von telum): Schicksalsschläge. — **memoria repetere:** sich erinnern. — **eventum:** Begebenheit, Erlebnis.

3. usurpare: gebrauchen. — **suscipere:** erziehen.

4. exhaurire: herausschöpfen, nehmen. — **sensus:** Empfindung. — **ducere:** halten für. Die Meinung, daß nach dem Tode die Seele entweder weiterlebe oder zugrunde gehe, daß der Tod aber in keinem Fall ein Übel sei, findet sich schon in Platons Apologie (40 C). Vgl. auch Cic. Cato 66: quae (mors) aut plane neglegenda est, si omnino extinguit animum, aut etiam optanda, si aliquo eum deducit, ubi sit futurus aeternus. Vgl. Lact. inst. div. 3,19: At illi, qui de mortis bono disputant, sic argumentantur; si nihil est post mortem, non est malum mors; aufert enim sensum mali. Si autem supersunt animae, est etiam bonum, quia immortalitas sequitur. Quam sententiam Cicero de legibus sic explicavit: Gratulemurque nobis, quoniam mors aut meliorem quam qui est in vita aut certe non deteriorem adlatura est statum, nam sine corpore animo vigente divina vita est, sensu carente nihil profecto est mali. — **deceptus:** betrogen (in seinen Erwartungen, die er in sein Leben setzt). — **misceri:** durcheinandergeworfen werden, durcheinandergeraten (von den politischen Verhältnissen gesagt). — **quid est ... loci:** Cicero beklagt die trostlose Lage des Staates im Jahre 46 (Vgl. auch § 3 haec perturbatio temporum perditorum). — **gravis:** schlimm, furchtbar. — **pestilens:** unheilvoll.

5. detrahere (mit nachfolgendem ne wie bei den Verben des Hinderns): nehmen. — **communicare cum aliquo:** mit jemandem teilen. — **proprie:** persönlich — **se referre ad:** sich beziehen auf. — **casus incommodorum:** Schicksalsschlag. — **etenim eum semper te:** Dieser Satz erläutert die Ausdrücke gravitas und sapientia (im vorhergehenden Satz) näher. — **gravitas:** Charakterfestigkeit. — **diuturnitas:** die lange Dauer der Zeit.

6. imbecillus: schwach, haltlos. — **dies, f.:** die Zeit (die alle Dinge verändert). — **anteferre:** vorwegnehmen. — **medicina** (metaphorischer Gebrauch): Der Zeit, die wie eine Medizin auf die Dauer alle Wunden heilt, wird hier die **ratio** gegenübergestellt, mit deren Hilfe der philosophisch Gebildete sein Leid bewältigt. — **repraesentare:** verwirklichen, vollziehen.

X. Cicero und seine Freunde

47. Cicero und T. Pomponius Atticus (Att. 12,1)

Die umfangreiche Briefsammlung ad Atticum enthält ca. 400 Briefe und beweist die einzigartige Bedeutung, die Atticus als Freund und Vertrauter für Cicero zu den verschiedenen Zeiten seines Lebens hatte. Cicero lernte Atticus (110—32 v. Chr.) schon in frühester Jugend kennen. Im Jahre **79** studierten sie gemeinsam in Athen Philosophie und hörten den Akademiker Antiochus und die Epikureer Phädrus und Zeno. Während Cicero die Ämterlaufbahn einschlug, widmete sich Atticus der vita contemplativa. Durch seine wissenschaftlich-literarischen Interessen, — er verfaßte selbst eine kurze Geschichte Roms und trat als Verleger hervor — vor allem durch sein Wirken als Geschäftsmann und Bankier hatte er vielseitige Beziehungen und gewann einen großen Einfluß. Infolge seines diplomatischen Geschicks wurde Atticus mehrfach zum Vermittler der verschiedenen politischen Parteien, ohne sich jemals offen zu einer von ihnen zu bekennen. Auch an Ciceros Rückberufung aus dem Exil hatte er maßgeblichen Anteil. Von 86—65 lebte Atticus in Athen, wo er viel für den Wiederaufbau der im ersten Mithridatischen Krieg zerstörten Stadt tat. Für seine mannigfachen Verdienste um diese Stadt erhielt er von den Bürgen den Beinamen Atticus. In allen wichtigen politischen und persönlichen Entscheidungen zog Cicero seinen Freund Atticus als Berater hinzu.

Auch in dem vorliegenden Brief, einem flüchtig verfaßten Schreiben (vgl. die zahlreichen Ellipsen), verabredet sich Cicero vor einer wichtigen Entscheidung — er steht nach der Scheidung von seiner Frau Terentia im Jahre **46** jetzt (am 26. November 46) kurz vor seiner Heirat mit der jungen und reichen Publilia — mit Atticus.

1. discesseram, exaravi, cogitabam: Tempora des Briefstils. — **litterula:** kleiner (kurzer) Brief. — **exarare:** mit dem Griffel (die Oberfläche der Wachstafel) durchfurchen, aufzeichnen. — **Anagninum** (sc. praedium): Ciceros Landgut in der Nähe der Stadt Anagnia in Latium (in der Nähe von Rom). — **cogitabam** sc. manere. — **Tusculanum** (sc. praedium): Ciceros Landgut bei Tusculum. — **in Tusculano** sc. esse. — **ibi unum diem** sc. manere. — **V Kal.** sc. Dec. — **ad constitutum** sc. locum veniam (oder: diem adero). Cicero wollte sich am **27.** November mit Atticus

in der Nähe von Rom treffen. — **continuo:** gleich darauf. —
Tullia: Ciceros Tochter befand sich in Rom. — **Attica:** Die
Tochter des Atticus war etwa fünf Jahre alt. — **osculum**
(Demin. von os): Mündchen, Kuß. — **garrire** (urspr. von Vögeln:
girren): plaudern, plappern. — **rusticari:** sich auf dem Lande
aufhalten. — **scribes:** Das Futur steht als Ausdruck der Höflichkeit anstelle eines Imperativs. — **Pilia:** die Frau des Atticus.

2. **complicare:** zusammenfalten. — **noctuabundus:** die Nacht
hindurchreisend. — **tabellarius:** Briefbote. — **febricula:** (Demin.
von febris): leichtes Fieber, Fieberanfall. — **igniculus** (Demin.
von ignis): Feuerchen. — **γεροντικός:** greisenhaft. — **γερον-
τικώτερον** (Komparativ neutr.): greisenhafter. Atticus hat in
seinem Brief die scherzhafte Bemerkung gemacht, daß alte
Leute morgens ein wenig Feuer haben müßten. Cicero erwidert
den Scherz, indem er auf die Vergeßlichkeit des Atticus an-
spielt. — **memoriala** (Demin. von memoria): das bißchen
Gedächtnis. — **vacillare:** (wackeln), auf schwachen Füßen
stehen. Atticus hat offenbar Ciceros Reisepläne nicht mehr so
genau im Sinn, daher wiederholt er sie im folgenden Satz. —
Axius: Ein mit Cicero befreundeter Senator, der ihn in finanziellen Angelegenheiten beriet. — **dare:** zuweisen, bestimmen, mitteilen. — **hoc habet** (Ausdruck aus der Fechtersprache): jetzt
hat er es, der Hieb hat getroffen, der Hieb sitzt. — **coram**
(adv.): beisammen. — **bucca:** Backe, Mund. — **quidquid in
buccam** sc. venerit: was in den Mund kommt. — **λέσχη:** Ge-
plauder. — **subesse:** dahinterstecken.

48. Cicero und Tiro (fam. 16,4)

Tiro war zunächst Ciceros Sklave und erhielt wegen seiner
großen Verdienste um seinen Herrn im Jahre 53 die Freiheit.
Als Privatsekretär blieb er aber weiter im Hause Ciceros und
wurde sein Freund und Vertrauter. Um Ciceros literarisches
Werk machte er sich besonders verdient; denn er überarbeitete
die Manuskripte seiner Reden, erledigte seine Korrespondenz
und sammelte schon zu Ciceros Lebzeiten dessen Briefe, die er
später edierte. Als Cicero im Jahre 51 die Statthalterschaft von
Kilikien übernehmen mußte, begleitete ihn Tiro dorthin. Nach
Ablauf seines Amtsjahres kehrte Cicero zusammen mit seinem
Sohn, seinem Bruder Quintus und dessen Sohn über Rhodos,
Ephesus, Athen und Paträ nach Italien zurück. Unterwegs er-
krankte Tiro und mußte in Paträ bei einem griechischen
Gastfreund zurückbleiben.

Epistel fam. 16,4 (vom 7.11.50) ist die Antwort auf einen Brief Tiros, den Cicero bei seiner Ankunft in Leucas vorfand.

1. adficere: berühren. — **prior:** der erste (von zweien). — **pagina:** die Seite. — **plane:** völlig. — **navigatio:** Seereise. — **via:** Landreise. — **satis mature:** früh genug. — **videro:** Das Futur II steht hier für das Futur I, um den bestimmt eintretenden Erfolg einer künftigen Handlung zu bezeichnen (Kühner-Stegmann I, 147,2). — **confirmatus:** erholt. — **bene existimari:** einen guten Ruf genießen. — **curatio** (curare): Heilverfahren. — **ius, iuris.** n.: Fleischbrühe. — **κακοστόμαχος** (griechischer Fachausdruck der Medizin): magenleidend. — **tamen:** Obwohl Cicero mit den Verordnungen des Arztes nicht einverstanden war, riet er nicht zu einem anderen Arzt, sondern schrieb diesem einen persönlichen Brief. — **accuratus:** sorgfältig. — **Lyso:** Ein Grieche, in dessen Haus Tiro Aufnahme gefunden hatte.

2. Curius: Ein römischer Ritter und Geschäftsfreund des Atticus, der sich damals als Kaufmann in Paträ aufhielt. — **suavis:** liebenswürdig. — **summi officii:** sehr gefällig. — **humanitas:** Bildung. — **traferre** = transferre. Cicero traut dem Lyso nicht allzusehr und rät daher dem Tiro, eventuell in das Haus des Curius überzuwechseln. — **neglegentior:** zu nachlässig. — **omnes Graeci** sc. neglegentiores sunt: Während Cicero den alten Griechen wegen ihrer großen Leistungen Achtung und Bewunderung entgegenbringt, beurteilt er die Griechen im allgemeinen negativ. Sie gelten als unzuverlässig, ein Charakterzug, den er auch bei Lyso bestätigt findet. Denn dieser hat ihm auf seinen Brief nicht geantwortet. — **tu laudas:** Aus Takt und um Cicero nicht zu beunruhigen, lobt Tiro trotz mancher Mängel die ärztliche Betreuung und Unterkunft. — **sumptu** (= arch. Dativ) **parcere:** Kosten sparen. — **ulla in re:** in irgendeiner Hinsicht. — **quod:** sofern. — **valetudo** (vox media): Gesundheit, Krankheit; Genesung, Erkrankung. — **daret** = ut daret. Curius soll dem Tiro die nötigen Geldmittel geben. — **aliquid ... dandum esse:** Ein Geldbetrag über das gewöhnliche Arzthonorar hinaus könnte nach Meinung Ciceros den Eifer des Arztes vergrößern.

3. officium: Dienstleistung. — **innumerabilis:** unzählig. Durch die betonte Stellung im Satz hebt Cicero die vielseitigen Leistungen Tiros hervor, die er im folgenden in einer antithetischen Gegenüberstellung aufzählt: domestica — forensia;

urbana — provincialia; in re privata — in publica; in studiis — in litteris. — **domesticus:** häuslich, im Hause. — **forensis:** gerichtlich. Bezieht sich auf seine Leistungen in der Anwaltspraxis Ciceros. — **provincialia:** in der Provinz (Kilikien). — **studia:** wissenschaftliche Studien, schriftstellerische Tätigkeit. — **litterae:** Korrespondenz, Briefwechsel. — **viceris:** Das Fut. II steht für das Fut. I (vgl. zu § 1). — **vincere:** übertreffen. — **bellus** (umgangsspr.): nett, angenehm. — **recte est:** es geht gut. — **L. Mescinius Rufus:** Er war Ciceros Quästor in Kilikien gewesen und befand sich auf der Rückreise. Cicero hat keine hohe Meinung von ihm, hält es aber für vorteilhaft, — wohl wegen der Vergünstigungen, die eine Reise als Begleiter eines römischen Beamten mit sich brachte — wenn Tiro sich dem Mescinius anschließt. — **decurrere:** heimfahren. — **non inhumanus:** nicht unfreundlich. Der Ausdruck **ut mihi visus est** bedeutet eine Einschränkung. — **diligere:** schätzen. Vgl. zu Brief 2,5. — **cum:** erst wenn. — **laborare aliquid:** auf etwas bedacht sein.

4. sic habeto: sei überzeugt. — **cum-tum:** sowohl — als auch. **se confirmare:** sich kräftigen, sich erholen. — **conferre:** verwenden. — **tanti fieri:** so hoch geschätzt werden. — **Lepta:** Er war während Ciceros Statthalterschaft in Kilikien praefectus fabrum (Leiter des Pionierwesens). — **Leucas:** Insel westlich von Griechenland.

49. Cicero und Matius (fam. 11,27)

Der Adressat des Briefes, C. Matius, war römischer Ritter und galt als einer der liebenswürdigsten und gebildetsten Männer seiner Zeit. Obwohl er sich nie selbst politisch betätigte, schloß er sich aus innerer Überzeugung Cäsar an, zu dessen Freund und Vertrautem er wurde. Seine Stellung bei Cäsar ermöglichte es ihm, in schwierigen Zeiten Cicero und anderen Freunden zu helfen. Matius bekannte sich auch nach Cäsars Ermordung noch zu dem Diktator, was ihm nicht wenige Republikaner verübelten. Außerdem warf man ihm vor, er habe für ein antirepublikanisches Gesetz gestimmt und habe die Spiele für die Göttin Venus Genetrix, die Cäsar gelobt hatte, mitveranstaltet. Matius fühlte sich durch die Kritik, die Cicero nicht als seine eigene, sondern als die anderer vorbrachte, gekränkt. Daher schrieb Cicero, der von der Verstimmung des Matius gehört hatte, den folgenden Brief. Ein großer Teil des Briefes zeigt die Beziehungen auf, die Cicero mit Matius verbinden, während er erst in § 7—8 auf sein Anliegen, nämlich die Behandlung der Klage des Matius, eingeht. Dabei charakterisiert Cicero in seinem sorgfältig stilisierten Brief den Matius als geistvollen und freundlichen Menschen, mit dem er über lange Jahre durch eine herzliche Freundschaft verbunden ist und dem er manche Anregung für seine philosophischen Schriften verdankt.

1. constitui (praes. Perf): ich bin mir klar. — **C. Trebatius Testa**: Freund Ciceros, der auf seine Empfehlung im Jahre 54 für ein Jahr zu Cäsar nach Gallien ging, wo er auch Matius kennenlernte. — **attulerit**: Wegen der Präsensbedeutung von **constitui** steht hier Perfekt. — **officium**: Pflicht, Gefälligkeit. — **venissem**: Cicero hatte am 17. Juli eine Reise nach Griechenland angetreten, um dort seinen Sohn zu besuchen. Doch ungünstige Winde hielten ihn in Leukopetra, südlich von Rhegium, zurück; und so machte er kehrt, zumal er Nachrichten von einer Besserung der politischen Lage in Rom gehört hatte. — **obiurgare**: tadeln, Vorwürfe machen. — **nihil sibi longius: fuisse**: nichts sei für ihn länger gewesen, er habe es nicht erwarten können. — **quidnam novi**: Formelhafte Wendung der Umgangssprache, besonders beliebt als Begrüßungsformel. — **deferre**: überbringen. Trebatius kommt also im Auftrag des Matius.

2. proponere: erwähnen, aufmerksammachen auf, vorausschikken. — **memoria repetere**: sich erinnern. — **antiquus** (mit lobender Nebenbedeutung): bewährt. — **vetustas** (sc. amicitiae nostrae): lange Dauer, langjährige Bekanntschaft (vgl. Cic. Planc. 95: quocum me uno vel maxime cum vetustas, tum amicitia . . . sociarat). **Vetustas** nimmt hier das Wort **antiquior** wieder auf.— **cum multis**: mit vielen anderen Freunden. — **commune habere**: gemeinsam haben, teilen. Die asyndetische Nebeneinanderstellung der beiden Sätze verstärkt — zusammen mit dem Chiasmus — die antithetische Kraft der Begriffe vetustas -amor. — **dilexi te**: ich gewann dich lieb, ich fühlte mich zu dir hingezogen. — **iudicavi**: ich gewann den Eindruck. — **deinde** (gehört zu discessus): darauffolgend. Infolge der Zwischenstellung wird das Adverb attributivisch gebraucht. In der familiären Sprache sind solche Verbindungen nicht selten. — **discessus**: Abwesenheit. Es ist unbekannt, von welcher Reise des Matius die Rede ist. Durch die Nebeneinanderstellung von **discessus** und **ambitio** kann man schließen, daß die hier erwähnte längere Abwesenheit in die Zeit vor Ciceros Konsulat fiel und daß hier nicht der Aufenthalt in Gallien gemeint ist. Man könnte an eine Ausbildungsreise (nach Griechenland) denken. — **ambitio:** Amtsbewerbung, Streben nach Ämtern, politische Laufbahn. — **vitae dissimilitudo:** Matius blieb Privatmann, während Cicero die politische Laufbahn einschlug. — **voluntates:** Neigungen, Zuneigung. — **conglutinare** (metaphorischer Gebrauch): zusammenleimen, eng verbinden. — **consuetudo:** täglicher Umgang. — **in Gallia:** Matius befand sich im Gefolge Cäsars. — **vehementer:** Steigert das Adjektiv **utile.** — **diligeret, coleret, haberet in suis:** Klimax. Durch seine Freundschaft mit Cäsar und Cicero konnte Matius während seines Aufenthaltes in Gallien viel zur Verbesserung der Beziehungen beider tun — **tempora:** Hier in pejorativem Sinne gebraucht für „schlechte (schwere) Zeiten". — **communicare:** an etwas gemeinsam Anteil haben, gemeinsam haben, teilen.

3. venisti ad me in Formianum: Matius besuchte Cicero am 20. März 49 auf seinem Landgut bei Formiä (am Golf von Gaeta). Dieser Besuch geschah vermutlich auf Veranlassung Cäsars (Vgl. Ciceros Bericht darüber Att. 9,11,2). — **primum** — **deinde:** Cicero begründet, warum dieser Besuch des Matius von großer Bedeutung ist. — **quanti** sc. aestimandum est. — **consilium:** Matius hat Cicero wahrscheinlich bei diesem Treffen für Cäsar gewinnen bzw. zu einem neutralen Verhalten veranlassen wollen. — **litterarum tuarum:** Dieses Schreiben liegt Att. 9,15,6 im Wortlaut vor. — **Caesari obviam venisses:** Als Cäsar nach der Einnahme von Brundisium (im Jahre 49) sich auf dem Wege nach Rom befand, kehrte er bei Cicero auf dessen Landgut bei Formiä (Formianum) ein. Matius reiste Cäsar bis Trebula entgegen. — **ager Trebulanus:** das Gebiet der Stadt Trebula (in Kampanien).

4. pudor: Ehre, Ehrgefühl. Ein Wechsel der Partei hätte für Cicero als einen eifrigen Anhänger der Aristokratie etwas Unehrenhaftes gehabt. — **officium:** Cicero fühlte sich Cäsar verpflichtet, da dieser sich für seine Rückkehr aus der Verbannung eingesetzt hatte. — **in praesentes meos:** Terentia war während Ciceros Verbannung mit ihren Kindern in Rom geblieben, wo Matius sich offenbar um sie gekümmert hatte. — **veni Brundisium:** Nach der Schlacht bei Pharsalus Mitte Oktober 48. — **adsessio:** das Sitzen bei jemanden, das Zur-Seite-Stehen (als Tröster), der Beistand. — **fractus:** gebrochen, entmutigt. Es spricht besonders für Matius, daß er nach dem Sieg der Cäsarianer herbeieilt, um den unglücklichen Cicero zu begrüßen.

5. Romae esse: Ende des Jahres 47. — **officium:** Freundschaftsdienst. — **tribuere:** zuteilen, entgegenkommen. — **ventitare** (Intens. von venire): häufig kommen. — **tum, cum:** Ende 46. — φιλοσοφούμενα: philosophische Schriften. Es sind dies im Jahre 45 die Werke de finibus bonorum et malorum, Academica und Tusculanae disputationes. — **post Caesaris reditum:** Aus Spanien im September 45.

6. quorsum: weshalb. — **alienus:** nicht passend. — **testatus:** bezeugt, offenbar. — **illustris:** hell, deutlich, klar. — **exsequi:** erörtern, näher besprechen. — **consilium:** Klugheit. — **gravitas:** Charakterfestigkeit. — **lepos:** Liebenswürdigkeit. — **litterae:** Bildung.

7. suffragium ferre: abstimmen. — **in illa lege:** Von welchem Gesetz hier Cicero spricht, ist nicht bekannt. Sicherlich handelte es sich um ein Gesetz, das für die Senatspartei ungünstig war. — **dignitas:** Stellung. — **durius:** härter, schärfer. — **proferre:** wiedergeben. — **iniquus:** Feind, Widersacher. — **ea:** Bezieht sich auf durius proferantur. — **liquido:** mit gutem Gewissen. — **defendere** (mit a.c.i.): zur Verteidigung anführen. — **pie:** aus Ehrfurcht (vor dem toten Cäsar). — **curatio ludorum:** die Ausrichtung der Spiele.

8. rex: Tyrann. Das Wort **rex** enthielt für den Römer meistens die negative Bedeutungskomponente des Tyrannen. — **officium:** Pflicht, Eifer (bei der Ausrichtung der Spiele). — **illa vero duo:** jene beiden Taten. — **te gravissimum auctorem fuisse:** daß du nachdrücklich dazu geraten hast.

50. Antwortbrief des Matius an Cicero (fam. 11,28)

Brief 50 ist die Antwort des Matius auf das vorherige Schreiben Ciceros. Ebenso wie der Cicerobrief enthält er eine kunstvolle Einleitung, die mit dem sorgfältig stilisierten Schluß infolge des engen gedanklichen Zusammenhanges einen Rahmen bildet. Im Hauptteil (§ 2—7) läßt Matius — analog den im Cicerobrief vorgetragenen Vorwürfen — einen fiktiven Gegner fünf Thesen vorbringen, die er dann Satz für Satz mit seinen Argumenten widerlegt, wobei er vom Allgemeinen zum Persönlichen vorgeht. Wie Cicero die Vorwürfe nicht als seine eigenen angeführt hatte, so richten sich auch die Ausführungen des Matius nicht gegen Cicero selbst, dem er für die Verteidigung dankt, sondern gegen seine nicht namentlich genannten Gegner.

1. **voluptatem . . . cepi:** Mit diesem Ausdruck stellt Matius eine affektive Verbindung mit dem Adressaten Cicero her. Gleichzeitig bezieht er sich auf den Anfang des Cicerobriefes (§ 1), indem er klarstellt, daß jetzt jegliche Verstimmung zwischen ihnen beseitigt sei. — **incorruptus:** unverfälscht, unverändert. — **ars:** Eigenschaft. — **temere** (adv.): ohne Überlegung, so ohne weiteres. — **persuadere:** überreden, einreden, vorreden. Matius will sagen, daß kein anständiger Mann sich von einer einmal gefaßten günstigen Meinung ohne besondere Veranlassung abbringen läßt, von einem vielseitig gebildeten Mann aber ist das erst recht nicht zu erwarten. — **propensa** (geneigt) **et perpetua benevolentia:** eine dauernde besondere Zuneigung. — **par** (c. abl.): gleich, angemessen. Matius bestätigt mit seinem Kompliment, daß er den Worten Ciceros Glauben schenkt. Ciceros Brief gilt Matius als Beweis dafür, daß die freundschaftlichen Beziehungen ungetrübt sind. — **saepe restiti:** Mit dieser Formulierung spielt Matius auf Brief 49,7 (defensio . . . duplex) an.

2. **nota sunt . . . contulerint:** Der Konjunktiv ist durch Verschmelzung von Relativsatz und indirektem Fragesatz bedingt. — **vitio mihi dant . . . praeponendam esse:** Matius beginnt hier mit der Widerlegung der ersten von insgesamt fünf Thesen seiner Gegner (vgl. Brief 49,7). — **proinde ac:** geradeso als ob. Matius ist der Meinung, seine Freundschaft mit Cäsar und seine Liebe zum Vaterland seien miteinander vereinbar. — **vincere:** (unwiderlegbar) beweisen. — **obitus:** Tod. Matius äußert sich ironisch über Cäsars Gegner, die seine Ermordung mit dem Staatsinteresse gleichsetzen. — **astute:** listig, schlau. Mit dem Satz **non astute agam** will Matius dem eventuell entstehenden Eindruck begegnen, er wolle mit seiner Ironie seine wirkliche Meinung über den Nutzen oder Schaden von Cäsars Ermordung verbergen. Matius betont, daß er kein politischer Gefolgsmann Cäsars, als der er oft angesehen werde, gewesen sei. Er habe vielmehr verschiedene Maßnahmen Cäsars nicht gebilligt, so daß seine Freundschaft keineswegs politischen, sondern nur privaten Charakter gehabt habe. Daher sei er nicht kompetent, die Frage zu beantworten, ob die Ermordung Cäsars für den Staat nützlich gewesen sei. — **offendi:** Anstoß nehmen. — **summe** (adv.): sehr eifrig. — **exstinguere** (metaphorisch gebraucht): einen Brand löschen. — **dulcedo:** der Reiz. — **posse:** Einfluß haben. Matius betont hier seine Uneigennützigkeit in seinem Verhältnis zu Cäsar. — **lege Caesaris:** Es handelt sich

hier um die lex pecuniis mutuis vom Jahre 49, nach welcher den Schuldnern ein Teil der Schulden erlassen wurde. Das Gesetz brachte für die Gläubiger große Nachteile. — **remanserunt:** Die Schuldner konnten jetzt nach Cäsars „Schuldentilgungsgesetz" in Rom bleiben, das sie sonst hätten verlassen müssen. — **civibus victis:** Dazu gehörte auch Cicero. — **aeque ac:** in gleicher Weise, wie.

3. illi = Caesari. Cäsar hatte seine politischen Gegner D. Brutus, M. Brutus und Cassius begnadigt, wodurch er bei seiner eigenen Partei angefeindet worden war. Außerdem beteiligten sich die drei Männer an einer Verschwörung gegen ihn und wirkten an führender Stelle bei seiner Ermordung mit. — **plectere:** schlagen, bestrafen. — **inquiunt:** Matius nennt den zweiten Vorwurf seiner Gegner, den er anschließend widerlegt. — **superbia:** Anmaßung. Von dem Akk. des Ausrufs ist der folgende a.c.i. abhängig. — **impunite** = impune: ungestraft. — **liber:** frei, erlaubt. — **dictitare** (Frequentat. von dicere): immer wieder sagen. — **libertatis auctores:** Urheber (Verteidiger) der Freiheit. — **extorquēre:** entwinden, rauben.

4. nihil agere: nichts erreichen. — **desciscere:** abweichen von, untreu werden. — **appetere:** entgegengehen, suchen. — **acerbus:** bitter, schmerzlich. — **at debeo ... salvam:** Matius führt hier den dritten Vorwurf seiner Gegner an, um ihn anschließend zu widerlegen. — **pro civili parte:** als Bürger. — **reliqua mea spes:** meine Hoffnung für die Zukunft. — **vincere:** Vgl. § 2. — **postulare:** Steht hier mit Infinitiv.

5. maiorem in modum: dringender. — **rem potiorem oratione ducere:** den Sachverhalt (bei Matius) für wichtiger halten als die Worte (der Gegner). — **expedire:** nützen. — **praestare:** sich verbürgen, für etwas eintreten. — **etiam:** noch. — **aetate praecipitata:** wo es mit dem Leben bergab geht, bei vorgerücktem Alter. — **se retexere** (vom Auftrennen eines Gewebes): sich auflösen, sich ändern, ein ganz anderer Mensch werden. — **aliter animatus:** anders gesinnt (d. h. wenn ich aktiv in die Politik eingreifen wollte, anstatt nur um Cäsar zu trauern). — **vanus:** wankelmütig.

6. An den Anfang dieses Abschnittes stellt Matius den vierten Vorwurf seiner Gegner, der sich auf die Ausrichtung der Spiele bezieht. — **Caesar adulescens:** Oktavian. — **at:** Leitet die Widerlegung des Vorwurfes ein. — **petenti** = Octaviano. Matius betont hier, daß man die Ausrichtung der Spiele nicht als politische

Demonstration auffassen dürfe, sondern daß er nur aus Freundschaft zu Cäsar gehandelt habe.

7. Der fünfte Vorwurf, den man Matius macht, betrifft die
Morgenbesuche im Hause des Konsuls Antonius. Dieser Vorwurf fehlt allerdings im vorhergehenden Brief. — **salutare:** begrüßen, seine Aufwartung machen (beim Morgenbesuch). —
auferre: davontragen, mitnehmen. — **frequentes:** Der Ausdruck
bezeichnet die große Schar der Besucher. — **ventitare** (Intens.
von venire): häufig kommen. — **interpellare:** hindern. — **car-
pere:** zerpflücken, kritisieren, tadeln.

8. **modestia:** maßvolle Haltung. — **constantia:** Anhänglichkeit,
feste Haltung. Das Wort bezeichnet die charakterliche Festig-
keit, mit der Matius an seiner Freundschaft mit Cäsar festhält.
— **quod reliquum est vitae:** den Rest des Lebens. Matius lebte
noch ca. 40 Jahre. — **Trebatius:** Vgl. Brief 49,1. — **simplex:**
offen, ehrlich. — **aperire:** öffnen, sichtbar machen. — **libenter:**
von Herzen.

51. Cicero und Paetus.
Ein Brief aus dem Jahre 44 (fam. 9,15)

Ciceros Brief fam. 9,15 stammt aus dem Jahre 44 (Oktober)
und ist eine Antwort auf zwei Schreiben des L. Papirius Paetus
(vgl. Einl. zu Brief 31). In einer meisterhaften Darstellung
charakterisiert Cicero den Adressaten als einen Mann von feiner
Bildung und großem Witz, mit dem er — wie seine Korrespondenz zeigt — in langjähriger Freundschaft verbunden war
(seit 61). Die zwölf erhaltenen Briefe an Paetus sind ein Zeugnis für die gegenseitige Zuneigung zweier unterschiedlich ver-
anlagter Männer. Cicero und Paetus verkörpern zwei Typen
von Römern am Ende der Republik: Paetus ist ein gebildeter,
aber völlig unpolitischer Mensch, während Cicero trotz seiner
Sehnsucht nach Ruhe sich für den Staat verantwortlich fühlt.
Der vorliegende Brief gibt auch Aufschluß über das Verhalten
Ciceros in einer unglücklichen Lage. Zwar möchte er wegen der
in Rom herrschenden ungünstigen politischen Verhältnisse die
Stadt verlassen und Paetus in Neapel besuchen, aber auf den
Rat seines Freundes harrt er doch in Rom aus und fügt sich —
zwar widerwillig — in sein Schicksal.

1. **quadriduum:** Zeitraum von vier Tagen, vier Tage. —
acceperam, attulerat: Tempora des Briefstils. — **Zethus:** Sklave

oder Freigelassener des Paetus. — **Phileros:** Ebenfalls ein Sklave oder Freigelassener des Paetus. — **tabellarius:** Briefbote. — **ex prioribus tuis litteris:** Dadurch, daß Cicero auf zwei Schreiben des Paetus antworten muß, zerfällt sein Brief in zwei Teile (Vgl. § 3: quod autem altera epistula purgas). Nach einer knappen Empfangsbestätigung im einleitenden Satz des Briefes legt Cicero in diesem Abschnitt dar, von welcher Art seine Beziehungen zu Paetus sind. — **perspectus:** durchschaut, völlig bekannt. — **mihi crede:** Umgangssprachliche Formulierung, mit der Cicero seiner Aussage Nachdruck verleihen will, indem er an den Glauben des Matius appelliert. — **perinde:** ebenso, auf gleiche Weise. — **reapse:** in Wirklichkeit. — **amas:** Um seine Beziehungen zu den vielen anderen zu kennzeichnen, verwendet Cicero die Bezeichnungen **diligere** und **colere,** während er die Zuneigung des Paetus ihm gegenüber mit dem Wort **amare** charakterisiert. Vgl. auch zu Brief 2,5. — **amandus:** liebenswürdig. — **dulcis:** freundlich. — **proprie:** eigentümlich, charakteristisch. Cicero gibt in diesem Satz an, wodurch sich Paetus von den anderen unterscheidet.

2. Hatte Cicero bisher in mehr allgemeinen Formulierungen dem Freund Paetus seine Sympathie ausgesprochen, so geht er im folgenden näher auf seine persönlichen Beziehungen zu ihm ein. — **salsus:** würzig, scharf. **Salsiores** ist hier Steigerung zu **Attici sales.** — **illi:** Ist auf **sales** zu beziehen. — **sales:** Salz, feiner Witz. Paetus und Cicero verbindet der Sinn für Witz und Humor. Cicero unterscheidet hier zwischen dem attischen und dem derberen römischen Witz, den er höher einschätzt. — **mirifice:** erstaunlich, außerordentlich. — **facetiae, arum:** feiner Witz. — **nostras, atis** (noster): aus unserem Lande, heimisch. — **oblinere,** oblevi, oblitum: bestreichen, beschmieren, beflecken. — **Latium:** das Latinertum. Gemeint sind die Transpadaner, die erst im Jahre 49 von Cäsar das volle römische Bürgerrecht erhielten, während sie vorher lediglich das latinische Recht besessen hatten. — **peregrinitas:** ausländische Sitte. — **infundere:** hineinströmenlassen; Pass.: sich ergießen. — **bracatus:** mit Hosen bekleidet. Perser, Inder und Gallier trugen Hosen (Pluderhosen), eine Sitte, welche die Römer später übernahmen. Zur Zeit Ciceros galt diese Art der Kleidung noch als ein Zeichen der Barbaren. — **lepos, oris:** Anmut, Humor. Cicero bedauert es, daß wegen der Überfremdung Roms nicht einmal eine Spur des alten römischen lepos zu finden sei. — **Granios:** Leute wie Granius. Granius kommt mehrfach als Witzfigur in den Satiren

des Lucilius (180—103 v. Chr.) vor. — **Crassus** (140—91 v.Chr.):
Bedeutender Redner und Lehrer Ciceros. In seinem Werk de
oratore, das er im Jahre 55 verfaßte, läßt er den Crassus als
eine der Hauptpersonen auftreten. Im zweiten Buch (2,227 ff.)
erwähnt er auch seinen Witz. — **Laelius:** Freund des jüngeren
Scipio. Cicero führt hier Männer an, von deren Geist und Witz
er in seinen Schriften immer wieder spricht. — **itaque te cum
video ... videre videor:** Daß Cicero den Satz sorgfältig gebaut
hat und durch Stilmittel die inhaltliche Steigerung des Satzes
unterstützt, soll eine kurze Analyse des Satzes zeigen: Das
Prädikat des Nebensatzes (**video**) wird am Schluß des Hauptsatzes wieder aufgenommen und bildet zusammen mit **videor**
einen pointierten Abschluß. Ebenso wie die Formen von videre
(am Ende des Neben- und Hauptsatzes) bewirkt auch das Wort
mihi, das grammatisch zu **videor** gehört und an den Anfang des
Hauptsatzes gesetzt ist, eine gewisse Spannung. Gleichzeitig
erhält das erste Kolon durch die Sperrung (Hyperbaton) von
omnes und **Granios** eine größere Fülle des Ausdrucks. Durch
die zweimalige Anapher (mit omnes) will Cicero zum Ausdruck
bringen, Paetus besitze in seiner Person die Vorzüge verschiedener Leute. Der eingeschobene Satz **vere ut dicam** leitet
zum Höhepunkt des Satzes und verstärkt noch die Aussagen
Ciceros. — **moriar:** Mit diesem starken Ausdruck der Be-
teuerung, der aus der Umgangssprache stammt, leitet Cicero
die Zusammenfassung seiner vorherigen Äußerungen ein. Paetus ist der letzte Vertreter, der noch die Eigenschaft der alten
stadtrömischen festivitas (s. u.) besitzt. Die Adjektive **antiquus**
und **vernaculus** (einheimisch, römisch) weisen noch einmal zurück auf die vorher gelobten Eigenschaften (vgl. veteres und
urbani § 2), den typisch römischen Geist und Witz, der noch
von fremden Einflüssen frei ist. — **festivitas:** Heiterkeit, Fröhlichkeit, launige Unterhaltung. — **perturbatio:** Störung. —
exanimare: außer Fassung bringen, erschrecken.

3. Mit § 3 beginnt Cicero die Beantwortung des zweiten Paetus-
briefes. — **purgare:** sich rechtfertigen. Cicero hatte vor, in
Neapel das Haus des P. Sulla, der Ende 46 gestorben war, zu
erwerben, um sich dorthin zurückzuziehen. — **dissuasor** (dissua-
dēre — abraten): i. D. verbal zu übersetzen. — **urbanus:** in der
Stadt. — **Catulus** (Konsul 78): Er war einer der Führer der
Senatspartei und zeichnete sich als Censor (65) durch besondere
Strenge aus. Trotz mehrerer politischer Rückschläge in den
Jahren 65—61 zog er sich nicht vom öffentlichen Leben zurück.

Die Erwähnung des Catulus soll Cicero an dessen Verhalten in ähnlichen Situationen erinnern und Cicero mahnen, weiter in Rom auszuhalten. — **abesse a rei publicae custodia:** sich der Fürsorge für den Staat entziehen. Cicero verzichtete nach seinem Konsulat (Ende 63) zunächst auf eine Statthalterschaft. — **puppis, is:** das Hinterdeck (des Schiffes, wo sich das Steuerruder befand). — **clavus:** Steuerruder. Cicero vergleicht hier den Staatslenker mit dem Steuermann eines Schiffes (vgl. zu Brief 7,8). Er ist der Meinung, je größer der politische Einfluß ist, den jemand erworben hat, desto mehr ist er verpflichtet, sich für das Wohlergehen des Staates einzusetzen. — **sentina:** Kielwasser (das sich im untersten Schiffsraum befand). Cicero deutet mit diesem Bild an, daß er in der Politik keine Rolle mehr spielt.

4. forum urgēre: keine Ruhe lassen, sich häufig auf dem Forum aufhalten. — **amator:** Verehrer. Mit diesem Ausdruck ist Antonius gemeint. Die Schilderung der beschämenden Verhältnisse, die Cicero schon vorher beklagt hat, setzt er hier fort. Er kritisiert, daß Senatsbeschlüsse in einem Privathaus verfaßt werden. — **ponor:** mein Name wird darunter gesetzt (unter ein Schriftstück). Ein weiterer Mißbrauch wird geschildert. Der Name Ciceros wird unter Dokumente gesetzt, ohne daß er es weiß. — **iocari:** scherzen. — **a regibus ultimis:** Die Dreistigkeit der Machthaber entlarvt sich selbst, wenn ein Senator Dankesschreiben von Königen erhält, die er gar nicht kennt.

5. quid ergo est: Nachdem Cicero ein Bild von den politischen Zuständen in Rom entworfen hat, scheint es für ihn keinen anderen Ausweg zu geben, als die Stadt zu verlassen. — **praefectus moribus:** Sittenrichter (= Antonius). Cicero zieht nicht die Konsequenzen, die man vielleicht erwartet hätte, sondern sagt, er wolle der auctoritas des Paetus folgen und in Rom bleiben. Erst nach der Abreise des Antonius wolle er nach Neapel kommen. — **cum vero aberit:** Antonius reiste am 9. Oktober von Rom ab, um in Brundisium die vier aus Mazedonien kommenden Legionen in Empfang zu nehmen. — **fungus:** Morchel. Cicero spielt hier auf das Luxusgesetz an. — **lex sumptuaria:** Aufwandsgesetz Dieses Gesetz, das den Luxus bekämpfen sollte und u. a. für die einzelnen Bevölkerungsklassen pro Tag eine bestimmte Summe festsetzte, war von Cäsar eingeführt und später von Antonius erneuert worden. Cicero kritisiert hier die Bevormundung der Bürger durch das

Luxusgesetz. — **desperare:** keine Hoffnung haben, aufgeben. — **faber:** Handwerker. — **paries:** Wand.

52. Cicero schreibt im Jahre 43 an Paetus (fam. 9,24)

Epist. 9,24 stellt ein Antwortschreiben auf einen Empfehlungsbrief des Paetus (vgl. Einl. zu Brief 31 und 51) dar, den Cicero Ende Januar/Anfang Februar 43 in Rom verfaßt hat. Es handelt sich also um den letzten Brief Ciceros an Paetus, der gut zehn Monate vor seinem Tod geschrieben ist. Der dreiteilige Aufbau des Briefes ist offenbar durch das Schreiben des Paetus bedingt, das Cicero wahrscheinlich bei der Abfassung zur Hand hatte. Zwar äußert er sich im ersten Teil (§ 1) höflich und zuvorkommend zu der Bitte des Paetus, betont aber gleichzeitig seine begrenzten Möglichkeiten infolge der ernsten politischen Lage.

Der zweite Gedankenabschnitt (§ 2 und 3) beschäftigt sich mit der Nachricht, Paetus habe sich aus dem geselligen Leben zurückgezogen, während Cicero im dritten Teil (§ 4) auf seine eigene Lage zu sprechen kommt.

1. Rufus: Freund des Paetus, den dieser dem Cicero empfohlen hat. — **magnae curae ... fuisse:** Rufus hat erfahren, daß Anschläge gegen Cicero geplant seien und hat dem Paetus davon Mitteilung gemacht. — **cautio** (cavēre): Vorsicht. — **congruens:** übereinstimmend. — **Aquinum, Fabrateria:** Städte im südlichen Latium, zwischen der Küste und Ciceros Heimatstadt Arpinum. Die hier erwähnten Vorfälle können sich während Ciceros Reise nach Kampanien (im Herbst 44) ereignet haben. — **inaudire:** hören, vernehmen. — **divinare:** ahnen. — **hactenus:** so weit. Im ersten Abschnitt hat Paetus dem Cicero seinen Freund Rufus empfohlen, indem er auf dessen Verdienste um Ciceros Sicherheit hinweist. Mit **hactenus** ist das Thema des ersten Abschnittes — die Empfehlung des Rufus — beendet.

2. itare (Intens. von ire): gehen. Wie am Anfang des Briefes mit dem Namen des Rufus, so wird auch hier zu Beginn des zweiten Abschnittes ein Hinweis auf das nun folgende Thema gegeben: Paetus hat sich entschlossen, sich vom geselligen Leben zurückzuziehen. — **delectatio:** Unterhaltung. Mit **delectatio** wird die passive, mit **voluptas** die aktive Seite des Vergnügens beschrieben. — **dediscere:** verlernen. — **cenula** (Demin. von cena): kleine Mahlzeit. — **Spurinna:** Bekannter Wahrsager, der auch Cäsar vor den Iden des März gewarnt hatte. — **Favonius** (favēre): Frühlingswind (ein Westwind, der das Wachstum im Frühling begünstigte). — **hoc tempore:** d. h. im Winter.

3. In § 3 fordert Cicero zum drittenmal, diesmal aber nicht in scherzhafter, sondern in energischer Form, Paetus auf, zur früheren Lebensweise zurückzukehren. Die Mahnung bekommt besonderen Nachdruck durch den formelhaften Ausruf **mehercule**, durch die Anrede **mi Paete**, durch die Redewendung **extra iocum**, durch das syndetische Trikolon **(viris bonis, iucundis, amantibus)** und durch das Prädikat **arbitror**. Auch im folgenden Satz betont Cicero durch die extreme Ausdrucksweise (nihil est aptius vitae, nihil ad beate vivendum accomodatius), verbunden mit Anapher und Chiasmus die Wichtigkeit seiner Aussage. — **communitas:** Gemeinsamkeit. Cicero erläutert hier näher seine Auffassung und versucht dann, indem er sich nicht ohne Stolz auf die Vorfahren (nostri) beruft, durch einen Sprachvergleich die Richtigkeit seiner Meinung zu unterstreichen. — **remissio animorum:** geistige Erholung. — **convivium** (con-vivere): geselliges Zusammenleben, Tischgesellschaft, Gastmahl. — **compotatio:** gemeinsames Trinken, Trinkgesellschaft. Übersetzung des griechischen Wortes συμπόσιον. — **concenatio** (con-cenare): Speisegesellschaft. Übersetzung des griechischen Begriffes σύνδειπνον. — **cenitare** (Frequent. von cenare): oft speisen.

4. In diesem Abschnitt will Cicero eindringlich vor einem Mißverständnis mahnen. Seine Scherze sollen nicht darüber hinwegtäuschen, daß der Zustand des Staates ihn mit Sorge erfüllt. — **vitam ponere:** sein Leben lassen. — **praeclare agitur:** es steht sehr gut. Die ernste politische Lage, die Cicero schon Ende § 1 angesprochen hatte, rückt er jetzt ganz in den Vordergrund. Er spricht mit großer innerer Anteilnahme von seinem Einsatz für die res publica. Tag und Nacht (dies et noctes) hat er keine Gelegenheit (nullum locum) ausgelassen, für die Freiheit der Bürger und ihren Frieden sich einzusetzen. Die Anapher (nihil-nihil) und die Gerundivformen (monendi, agendi, providendi) unterstreichen die Beteuerungen Ciceros.

XI. Cicero und seine Familie

53. Cicero schreibt aus der Verbannung an seine Familie (fam. 14,1)

Der folgende Brief ist vom 25. November des Jahres 58 datiert und zeigt Cicero in Dyrrhachium, wohin er sich aus Furcht vor Piso von Thessalonica aus begeben hatte. Denn dieser wollte nach Ablauf seines Amtsjahres die Provinz Macedonia übernehmen.

Zu Beginn des Briefes lobt Cicero die Tatkraft und den Mut seiner Frau, während er sich selbst vorwirft, allzu eilig auf den Rat schlechter Freunde hin die Stadt verlassen zu haben. Seine Sorge gilt besonders auch der wirtschaftlichen Lage der Familie, die nicht nur Geld für ihren Lebensunterhalt, sondern auch für seine Rückberufung aufbringen muß.

1. **aerumna:** Drangsal, Unglück. — **Tulliola:** Kosename für Ciceros Tochter Tullia. — **sapere:** Einsicht haben, verständig sein. — **invidebant:** Cicero beklagt sich in seinen Briefen aus dieser Zeit oft darüber, daß Freunde ihn durch den schlechten Rat, die Stadt zu verlassen, ins Unglück gestürzt hätten. Dazu rechnete er vor allem Hortensius, der auf seiten der Optimaten stand. — **qui petebant:** Cäsar suchte Cicero auf jede Weise für sich zu gewinnen. So hatte er ihm eine Legatenstelle angeboten. Hätte er das Angebot Cäsars angenommen, so hätte er als Legat nicht von Clodius angeklagt werden können.

2. **deesse:** im Stich lassen, den Erfolg mindern. — **Lentulus:** Er war als Konsul für das Jahr 57 vorgesehen. — **omnes tribunos plebis:** Vgl. Brief 54,2.

3. **de familia:** vgl. Brief 55,4. — **Cn. Plancius:** Er war Quästor beim Statthalter von Mazedonien. Von Thessalonika aus eilte er Cicero bei seiner Ankunft in Dyrrhachium entgegen. — **L. Piso:** Konsul des Jahres 58, der für das Jahr 57 als Statthalter von Mazedonien vorgesehen war. Zusammen mit Clodius hatte er Ciceros Verbannung durchgesetzt. — **reciperare** = recuperare: wiedergewinnen. — **fructum percipere:** den Lohn ernten.

4. **C. Piso:** Ciceros Schwiegersohn. — **accusare:** Vorwürfe machen. Cicero denkt hier an das gespannte Verhältnis von Pomponia, der Frau seines Bruders Quintus, und Terentia.

5. vicus: Häuserkomplex. Terentia wollte die Kosten für Ciceros Rückberufung aus dem Verkauf ihrer Häuser bestreiten. — **perditus:** arm, unglücklich. — **pedritum puerum perdere:** Alliteration und Oxymoron. — **aliquid:** etwas (Vermögen).

6. exspectatio: die Erwartung, die Wartezeit.

7. celebritas: Belebtheit.

54. Ciceros Sorge um seine Familie (fam. 14,2)

Ciceros Brief fam. 14,2 stammt aus der Zeit seiner Verbannung und ist am 5. Oktober von Thessalonica, der Hauptstadt der Provinz Macedonia, an seine Familie in Rom gerichtet. Er zeigt das herzliche Verhältnis zu seiner Frau und seinen Kindern und die große Fürsorge, mit der sich Cicero um seine Familie kümmert. Seine tiefe Niedergeschlagenheit und Verzweiflung, die an vielen Stellen dieses Briefes deutlich wird, ist begründet durch verschiedene Nachrichten, in denen Cicero von großen Schwierigkeiten und Unannehmlichkeiten hört, denen besonders Terentia infolge der Vermögenseinziehung ausgesetzt ist.

1. nisi si: es sei denn, daß; außer wenn. — **nec enim habeo, quid scribam:** Diese Wendung steht häufig am Briefbeginn. Obwohl Cicero angibt, daß es nichts mitzuteilen gebe, schreibt er dennoch. Dieser Brief dient wohl weniger der Übermittlung von Nachrichten als vielmehr der Pflege persönlicher familiärer Verbindung. — **Tulliola:** Das Deminutivum (für Tullia) ist hier Ausdruck der Zärtlichkeit und zeigt, wie sehr Cicero an seiner einzigen Tochter hing. — **non queo** = nequeo. — **praestare:** einstehen (für etwas). — **fuissemus:** Durch den Gebrauch des Plurals will Cicero andeuten, daß er einen Teil der Schuld seinen Freunden gibt, die ihm zur Flucht geraten hatten. Cicero ist jetzt der Meinung, es wäre besser gewesen, wenn er in Rom geblieben wäre, gegen den Verbannungsbeschluß Einspruch erhoben und den Kampf gegen Clodius und seine Anhänger aufgenommen hätte.

2. Piso: Ciceros Schwiegersohn, der noch vor seiner Rückkehr starb, hatte sich, allerdings vergebens, bei seinem Verwandten, dem Konsul L. Piso, für Ciceros Rückkehr eingesetzt. — **merito eius:** wie er es verdient. — **in novis tribunis plebis:** Die für das Jahr 57 vorgesehenen Volkstribunen traten am 10. Dezember ihr Amt an. Unter ihnen waren Sestius und Milo, die Cicero in den Jahren 56 und 52 vor Gericht verteidigt hat. — **firmus:** fest, zuverlässig. — **Pompeius:** Er hatte sich kurze Zeit nach Ciceros Abreise mit Clodius verfeindet und setzte sich für Ciceros Rückkehr aus dem Exil ein. — **voluntas** sc. firma. — **Crassus:** Er war seit längerer Zeit mit Cicero persönlich verfeindet. — **amans:** liebevoll. — **omnia:** Bezieht sich auf die Rückberufung Ciceros und auf die Vermögensangelegenheiten. — **casus eiusmodi** sc. esse. — **P. Valerius:** ein Freund Ciceros. — **officiosus:** gefällig. — **a Vestae** (sc. templo) **ad tabulam Valeriam:** M. Valerius Messala hatte nach dem Sieg über die Karthager (263 v. Chr.) an der Seitenwand der curia Hostilia auf dem Forum ein Gemälde (tabula) anbringen lassen. In der Nähe befanden sich die Stuben der Geldwechsler und die Amtsräume der Volkstribunen. Terentia wurde aus dem Tempel der Vesta, in dem sie Schutz gesucht hatte, gewaltsam hierher geführt (ducta), um für das Vermögen Ciceros zu bürgen. — **hem:** ach! — **opem petere:** um Hilfe bitten. Die Klienten Ciceros wandten sich häufig auch an Terentia. — **sordes, is. f.:** Schmutz, Trauer. — **servavi:** Cicero betont, daß er durch die Niederwerfung der Catilinarischen Verschwörung den Staat gerettet habe, daß er aber diesen seinen Verdiensten um den Staat auch sein Unglück verdanke.

3. de domo: Cicero will von seinem Haus sprechen, verbessert sich aber, da sein Haus am Palatin kurz nach seiner Abreise auf Veranlassung des P. Clodius zerstört worden war (vgl. Einl. zu Brief 11). — **area:** Grundstück. — **impensa, ae** (impendere): Aufwand, Kosten. — **in eius partem** (sc. impensae) **venire:** einen Teil der Kosten übernehmen. Terentia mußte finanzielle Opfer bringen, um Ciceros Rückkehr nach Rom zu erreichen. — **despoliare:** ausplündern. — **negotium conficitur:** die Sache (= die Rückberufung) wird zustande gebracht, die Sache verläuft gut. — **reliquiae:** der Rest des Vermögens. — **sustinēre:** auf sich nehmen. Die Freunde Ciceros zeigten offensichtlich eine gewisse Zurückhaltung. — **sumptus:** Damit sind die persönlichen Aufwendungen für den Lebensunterhalt gemeint, während unter **impensa** die Kosten zu verstehen sind, die für die Rückkehr Ciceros erforderlich sind.

4. longius: Cicero wollte in Thessalonike bleiben. — **d** = data.

55. Brief an Terentia, Tullia und Sohn Cicero (fam. 14,4)

Als die Angriffe des Clodius immer stärker wurden, sah sich Cicero im März 58 gezwungen, die Stadt Rom zu verlassen (vgl. Einl. zu Brief 11), um über Brundisium nach Griechenland zu reisen. In Brundisium fand er trotz des inzwischen gefaßten Ächtungsdekrets im Hause des M. Laenius Flaccus Aufnahme, wo er zwölf Tage blieb. Am 29. April, einen Tag vor der Überfahrt nach Griechenland, richtete Cicero den folgenden Brief an seine in Rom zurückgebliebene Familie.

Der Brief gibt Zeugnis von der eigenen Ungewißheit und Verzweiflung, von der quälenden Sorge um die Zukunft seiner Angehörigen, an denen er mit seiner ganzen Liebe hängt.

1. litteras dare: schreiben. — **tempora:** Zeitumstände. — **confici lacrimis:** von Tränen aufgerieben werden, von Tränen überwältigt werden. — **quod:** Dient zur Verknüpfung und bleibt unübersetzt (vgl. quodsi). — **commodum:** Glück. Das dreimalige Pronomen Indefinitum drückt die verzweifelte und hoffnungslose Stimmung aus. — **est erratum:** Cicero beklagt mehrfach seinen Fehler, Rom allzu zeitig verlassen zu haben, anstatt sich den Feinden zu stellen. — **mea vita:** Zärtliche Anrede seiner Frau Terentia. — **fixus:** festgeheftet, unabänderlich. — **castus:** fromm. — **emori:** hinscheiden. Cicero wirft den Göttern und Menschen hier gleichermaßen Undank vor, da sie sich für die erwiesenen Dienste nicht erkenntlich gezeigt haben.

2. M. Laenius Flaccus: Freund des Atticus und des Cicero, der trotz der angedrohten schweren Strafen, die für die Unterstützung eines Geächteten festgesetzt waren, Cicero vom 17.4. bis 29.4. in Brundisium beherbergte. — **fortunae:** Vermögen. Wer einen Geächteten aufnahm, wurde mit dem Verlust eines Drittels seines Vermögens bestraft. — **prae:** wegen. — **deducere, quo minus:** davon abhalten, daß. — **legis improbissimae:** Clodius hatte einen Antrag gegen Cicero eingebracht, der Ende April 58 Gesetz wurde (lex Clodia). Dadurch wurde Ciceros Besitz beschlagnahmt, er selbst außerhalb Italiens verbannt. Alle, die ihn innerhalb einer 500 Meilenzone aufnahmen, hatten mit Vermögensverlust und Verbannung zu rechnen. — **gratiam referre:** Dank abstatten (durch die Tat). — **gratiam habere:** dankbar gesinnt sein.

3. profecti sumus, petebamus: Tempora des Briefstils. Im Deutschen als Präsens zu übersetzen. — **Cyzicus:** Stadt am

Marmarameer. — **perditus:** verzweifelt. — **afflictus** (affligere): niedergeschlagen, elend. Durch die Erwähnung seines Reiseweges wird sich Cicero wieder seiner unglücklichen Lage bewußt. Seine starke Erregung findet in den Ausrufen und Fragen dieses Abschnittes auch ihren sprachlichen Ausdruck. — **quid rogem:** Dubitative Frage. — **aeger:** kummervoll. — **confectus:** gebrochen. — **non rogem:** In lebhaften Fragen fehlt häufig die Fragepartikel. — **confirmare:** fördern. — **transactum est** (Terminus aus der Gerichtssprache): die Verhandlung ist aus, es ist entschieden, es ist vorbei. — **mihi videor:** ich komme mir vor. — **Tulliola** (abl.): Das Deminutivum ist hier als Ausdruck der Zärtlichkeit gebraucht. — **misellus:** Deminutivum zu miser. — **matrimonio et famae servire:** auf die Ehe und den guten Ruf Rücksicht nehmen. Tullia war mit C. Calpurnius Piso verheiratet. Der Ausdruck **matrimonio serviendum est** bezieht sich auf die Tatsache, daß die Mitgift noch nicht vollständig ausbezahlt worden war; mit **famae serviendum est** will Cicero sagen, daß Tullia mit Rücksicht auf ihren Mann als Frau die lange Reise nach Griechenland nicht hätte antreten können. — **Cicero meus:** Ciceros Sohn war zu dieser Zeit sieben Jahre alt. — **tenēre:** behalten. Nach der Beschlagnahmung des Vermögens.

4. de familia liberata: was die Freilassung der Sklaven betrifft. Bei der Konfiszierung des Vermögens wurden auch die Sklaven Staatseigentum. Daher hatte Cicero für diesen Fall allen Sklaven die Freiheit versprochen. Von Terentias Sklaven sollten nur einige, die sich bedonders verdient gemacht hatten, die Freiheit erhalten. — **esse in officio:** diensteifrig sein. — **magno opere nemo:** kaum einer. — **causa:** Lage. — **res abit** (Terminus der Gerichtssprache): das Vermögen wird eingezogen. — **obtinēre:** die Freiheit behaupten (gegen den Anspruch des Staates). — **pertinēre ad:** sich erstrecken auf, bleiben bei. — **oppido** (adv.): sehr.

5. licitum est (umgangsspr.) = licuit. — **per:** mit Rücksicht auf, wegen. — **tempestas:** günstiges Wetter. — **viximus:** wir haben das Leben genossen. — **se sustentare:** sich behaupten, aufrechthalten. — **floruimus:** wir haben auf der Höhe (des Glücks) gestanden. — **anima:** das Leben. — **ornamentum:** Auszeichnung, Ehrenstellung, Würde. — **gratus:** erwünscht. — **atque:** nun aber.

6. Clodius, Philhetaerus, Sallustius, Pescennius: Freigelassene Ciceros, die ihn begleiten. — **perbenevolus:** sehr wohlwollend.

— **tui observans:** dir gegenüber gefällig. — **Sicca:** Freigelassener Ciceros. — **cura ... ut valeas:** Der Schluß des Briefes bringt, nach kurzen Mitteilungen über die verschiedenen Freigelassenen, noch einmal die tiefe Verbundenheit Ciceros mit seiner Familie zum Ausdruck.

56. Tullia besucht ihren Vater in Brundisium (fam. 14,11)

Nach der Niederlage des Pompeius bei Pharsalus (48) hatte sich Cicero mit seinem Sohn nach Brundisium zurückgezogen, wo er fast ein Jahr auf seine Begnadigung durch Cäsar warten mußte. Am 14. Juni 47 berichtete Cicero in einem kurzen Brief an seine Frau Terentia von dem Besuch der Tochter Tullia. Der Brief macht — trotz seiner Kürze — deutlich, wie sehr Cicero an seiner Tochter hing und mit welcher Sorge ihn die unglückliche Ehe der Tullia mit Dolabella, einem Anhänger Cäsars, erfüllte.

S.v.b.v. = si vales, bene est, valeo. — **Ciceronem:** Ciceros sechzehnjähriger Sohn hatte seinen Vater in das Lager des Pompeius begleitet. Cicero hatte vor, ihn zu Cäsar zu schicken, damit er für ihn bitte, ließ diesen Plan aber fallen. — **Sallustius:** Klient Ciceros.

57. Beileidsbrief des Servius Sulpicius zum Tode von Ciceros Tochter Tullia (fam. 4,5)

Der Verfasser dieses Briefes, der berühmte Jurist Servius Sulpicius Rufus, war mit Cicero seit der gemeinsamen Studienzeit auf Rhodos (im Jahre 78) befreundet. Im Jahre 51 bekleidete er — zusammen mit M. Claudius Marcellus — das Konsulat und zog sich bei Ausbruch des Bürgerkrieges zunächst nach Samos zurück, wo er Rechtswissenschaft lehrte. Obwohl er als gemäßigter Optimat galt, machte Cäsar ihn zum Statthalter der Provinz Achaia. Dort erfuhr er von dem Tod der Cicerotochter Tullia (Februar 45), die kurz nach der Geburt eines Sohnes gestorben war.

Der Trostbrief des Sulpicius — Mitte März 45 aus Athen geschrieben — zeigt, wie sehr der Verlust seiner einzigen Tochter Cicero erschüttert hatte und wie zu dem persönlichen Leid ihn noch zusätzlich die schlechte politische Lage bedrückte.

In Sprache und Stil weicht dieser Brief von den übrigen ciceronischen Schreiben deutlich ab und charakterisiert den Verfasser als den nüchternen Juristen (vgl. die zahlreichen juristischen Termini und altertümlichen Ausdrücke), der mit großem Einfühlungsvermögen auf Ciceros individuelle Lage eingeht.

1. obitus: Tod. — **sane quam:** durchaus. — **pro eo ac** (juristische Formel): entsprechend wie. — **graviter molesteque tuli:** schwer und bitter habe ich daran getragen, es hat mich schwer und schmerzlich getroffen. — **istic:** dort. — **coram:** persönlich. — **dolorem declarare:** Mitgefühl zeigen, Mitleid ausdrücken. — **consolatio:** Tröstung, Trost. — **propterea quia** = seltene Form für propterea quod. — **per quos:** Wird erläutert durch **propinquos ac familiares.** — **confieri:** altertümliche Form für confici: ausgeführt werden. — **molestia:** Belästigung, Kummer. — **in praesentia:** im Augenblick. — **brevi** = breviter. — **non quo:** nicht als ob. — **te fugit:** es entgeht dir. — **forsitan:** vielleicht.

2. quid est, quod: was ist der Grund dafür, daß. — **tanto opere:** = tantopere. — **intestinus:** häuslich. — **agere cum aliquo** (juristischer Ausdruck): umgehen mit. — **erepta esse:** Durch Cäsars Herrschaft. — **incommodum:** Verlust. — **qui** (adv.): wie. — **callēre:** (Schwielen haben), verhärtet sein, unempfindlich sein. — **minoris existimare** (= minoris aestimare): geringerschätzen.

3. vicem (Akk.): Wechsel, Los. — **illius** = Tulliae. — **actum est cum:** es ist bestellt um. — **necesse est:** Davon ist **veneris** abhängig. — **non pessime:** Litotes. — **licitum est:** Umgangssprachlich für licuit. — **commutare:** vertauschen. — **primarius:** vornehm. — **coniuncta:** Tullia war im Jahre 46 von ihrem dritten Mann Dolabella geschieden worden. — **aetatem gerere:** sein Leben zubringen. — **pro:** entsprechend. — **ex hac iuventute:** aus der heutigen Jugend. Aus dieser Wendung spricht eine nicht sehr positive Einschätzung der Jugend. — **fidei (alicuius) committere:** sich dem Schutz (jemandes) anvertrauen. — **liberi tui:** dein Kind. Der lateinische Plural hat hier Singularbedeutung. — **tuto:** ohne Gefahr. — **parens:** Mutter. — **florentes:** im blühenden Alter. Tullias Sohn starb kurz nach seiner Mutter. — **res:** Vermögen. — **ordinatim** (umgangsspr.): In der üblichen Reihenfolge. Er meint die Quästur, Ädilität, Prätur und das Konsulat. — **petere:** sich bewerben um. — **negotium:** Dienst. — **libertate sua usuri** (sc. essent): Ironie im Hinblick auf die Herrschaft Cäsars. — **ademptum sit:** Hier ist an die Beschlagnahmungen durch Cäsar zu denken. — **liberos:** genereller Plural wie vorher. — **nisi:** nur daß. — **haec:** die jetzigen Zustände. — **sufferre:** ertragen. — **at vero:** Hier beginnt ein Einwand. Zwar ist der Tod der Tochter Tullia ein malum, aber die politischen Verhältnisse stellen nach Meinung des Sulpicius ein noch größeres Unglück dar.

4. mediocris: mittelmäßig, gering. — **attulit:** In der indirekten Frage steht hier wie im Altlatein statt des Konjunktivs der Indikativ. — **volo ... commemorare:** Umgangssprachlicher Ausdruck für commemorabo. — **si forte:** ob vielleicht. — **ex Asia rediens:** Sulpicius hatte sich während des Bürgerkrieges längere Zeit auf Samos aufgehalten. — **Aegina:** Insel im Südwesten von Athen mit gleichnamiger Stadt. — **Megara:** Hauptstadt der Landschaft Megaris nördlich von Aegina. Beide waren einst blühende Städte, die durch ihren Handel einen Namen hatten. In römischer Zeit waren beide Städte völlig bedeutungslos. — **circumcirca:** ringsum. — **prostrata:** Megara wurde im Jahre 307 durch Demetrius Poliorcetes, die Hafenstadt von Athen (Piräus) im Mithridatischen Krieg durch Sulla (im Jahre 86) und Korinth im Jahre 146 v. Chr. durch Memmius zerstört. Bemerkenswert ist, daß Sulpicius an dieser Stelle Mitgefühl mit den unterworfenen Völkern und ihrem schweren Los äußert. — **hem:** ach. Leitet hier eine nachdenkliche Überlegung ein. — **homunculus:** Demin. zu homo. — **indignari:** unwillig sein. — **cum:** Adversativ. — **oppidum** (altertümliche Form) = oppidorum. — **cadavera, erum. n.:** Trümmer. — **visne** (altertümliche Form) = nonne vis. — **se cohibēre:** sich zusammennehmen, sich fassen. **Visne te cohibere** steht für eine eindringliche Aufforderung. — **crede mihi:** Mit dieser Wendung appelliert Sulpicius an den Leser, seinen Worten Glauben zu schenken. — **si tibi videtur** (höflicher Ausdruck der Umgangssprache): wenn es dir recht ist. — **modo** (adv.): eben erst. — **deminutio:** Minderung, Schädigung. Das Ansehen der römischen Herrschaft ist durch die Bürgerkriege und die Alleinherrschaft gemindert worden. — **conquassare:** stark erschüttern. In allen Provinzen fanden Kämpfe zwischen den Anhängern des Cäsar und Pompeius statt. — **muliercula** (Demin. von mulier): schwache Frau. — **animula** (Demin. von anima): das armselige Leben. Die Deminutiva sollen den Verlust der Tochter (im Verhältnis zu den anderen schweren Verlusten) als nicht so groß erscheinen lassen. — **iacturam facere:** einen Verlust erleiden. — **tanto opere** = tantopere. — **diem suum obire:** sterben.

5. avocare: abwenden, ablenken. — **potius:** lieber. — **persona:** Persönlichkeit. — **opus est:** es ist nötig, es ist förderlich. — **res publica:** Republik. — **augur:** Mitglied des Priesterkollegiums der Auguren. — **primarius:** vornehm, angesehen. Tullia war mit Calpurnius Piso (gest. 57), mit Furius Crassipes und (seit 50) mit P. Cornelius Dolabella verheiratet. — **perfungi:** bis zur Neige auskosten. — **hoc nomine:** unter diesem Titel (im Kontobuch), in dieser Hinsicht, deshalb. — **cum fortuna queri:** sich über das Schicksal beklagen. — **consueris** = consueveris. — **imitare:** Altertümliche Form für imitari. — **tute** = verstärktes tu. — **sibi subiacere** (altertümliche Form für subicere): sich vergegenwärtigen. — **apud animum proponere:** sich vornehmen.

6. ac non: und nicht vielmehr. — **occurrere:** entgegentreten. Der Weise darf nicht warten, bis die Zeit den Schmerz lindert, sondern muß versuchen, ihn aus eigener Kraft zu überwinden. — **sensus:** Empfindung. — **facere** = tempus exspectare. — **pietas:** Anhänglichkeit. — **dare alicui aliquid:** zugunsten von jemanden etwas tun, jemandem zuliebe etwas tun. — **in eam fortunam devenire:** in eine solche Lage geraten. — **servire:** dienen, sich fügen. — **committere, ut:** es dahin kommen lassen, daß. — **aliorum:** Sulpicius meint die Anhänger Cäsars. — **aliquotiens:** einige Male. — **apisci** (altertümliche Form) = adipisci. — **aeque ferre:** ebenso ertragen (wie das Glück). — **cognoro** = cognovero. — **provincia** = Achaia.

58. Antwort Ciceros an Servius Sulpicius (fam. 4,6)

Vom Landgut des Atticus bei Ficulea richtet Cicero Mitte April 45 den folgenden Dankesbrief an Servius Sulpicius Rufus (vgl. Einl. zu Brief 57).

1. vero: allerdings. — **ego vero:** Dieser Ausdruck findet sich häufig am Anfang eines Briefes, wenn der Satz sich auf eine zu beantwortende Frage oder Aufforderung bezieht. — **acquiescere:** sich beruhigen. — **prope aeque dolendo:** durch einen beinahe gleichen Schmerz. — **dolorem adhibēre:** Mitgefühl zeigen. — **Servius tuus:** Der Sohn des Servius Sulpicius, der sich in Rom befand. — **officium:** Pflicht, Gefälligkeit, Freundschaftsdienst. — **facere** (= aestimare): schätzen, achten. — **scilicet:** natürlich, freilich. — **societas:** Teilnahme. — **aegritudo:** Kummer. — **auctoritas:** Ansehen, Persönlichkeit. — **opprimere:** überwältigen. Die **sapientia,** die Philosophie, gibt zwar gute theoretische Lehren, in der praktischen Bewältigung seines

Kummers hat sie sich für Cicero nicht bewährt. — **Q. Fabius Maximus Cunctator** (Diktator 217): Er verlor seinen Sohn, den Konsul des Jahres 213, im zweiten punischen Krieg. — **magnis rebus gestis**: Abl. qual. zu virum. — **L. Aemilius Paullus**: Sieger von Pydna 168 v. Chr. über Makedonien. Von seinen vier Söhnen starben die beiden jüngsten kurz vor bzw. nach seinem Triumph. — **C. Sulpicius Galus**: Konsul des Jahres 166 und Verwandter des C. Servius Sulpicius. — **M. Porcius Cato** (Konsul 195): Sein Sohn starb 153 als designierter Prätor. — **dignitas**: angesehene Stellung. Die angeführten exempla aus der römischen Geschichte sollen verdeutlichen, daß es keine Vergleichbarkeit zu Ciceros Leid gibt, da zu dem schweren persönlichen Verlust noch der Schmerz über den Untergang des Staates hinzukommt.

2. **ornamentum**: Ehre, Auszeichnung. — **procuratio**: Verwaltung. — **id quod erat**: was ja auch tatsächlich der Fall war. — **impedire**: hindern, ablenken. — **se frangere**: sich überwinden. — **toleranter**: geduldig. — **habebam** sc. locum bzw. hominem. — **suavitas**: Liebenswürdigkeit. — **consanescere**: heilen, vernarben. — **recrudescere**: wieder aufbrechen. — **domo absum**: Er befindet sich auf dem Landgut des Atticus bei Ficulea.

3. **ratio**: Vernunftgrund. — **coniunctio consuetudinis sermonumque**: freundschaftlicher Verkehr und gemeinsame Gespräche. — **quamquam** (als Einleitung eines Hauptsatzes): indessen. — **sperabam**: Tempus des Briefstils. — **adventum**: Die Statthalterschaft des Sulpicius war beendet. — **commentari**: überlegen, überdenken. — **tempus traducere**: die Zeit hinbringen. — **unius** = Caesaris. — **alienus**: abgeneigt. — **deliberatio**: Überlegung. Cäsar sandte aus Spanien ein Beileidsschreiben an Cicero. — **rationem inire**: einen Weg einschlagen. — **agere**: (politisch) tätig sein. — **concessu et beneficio** (Hendiadyoin): mit wohlwollender Erlaubnis. — **quiescere**: ein zurückgezogenes Leben führen.

59. Der Bruder Quintus als Statthalter der Provinz Asia (Q. fr. 1,1,24—29)

Quintus Tullius Cicero (ca. 102 v. Chr. geb.) erhielt mit seinem etwa vier Jahre älteren Bruder Marcus eine gründliche Ausbildung in Rom und studierte dann zusammen mit ihm in Athen. Nach der Verwaltung der Prätur im Jahre 62 erhielt er die Statthalterschaft der Provinz Asia, die zweimal um ein Jahr verlängert wurde (61/59).

Während er in den Jahren **57—56** als Legat bei Pompeius tätig war, der im Auftrag des Senates das Verpflegungswesen ordnete, trat er im Jahre **54** als Legat in die Dienste Cäsars, unter dem er in Gallien militärische Erfahrungen sammelte. Als sein Bruder im Jahre **51** Statthalter in Kilikien wurde, reiste er mit ihm dorthin und war ihm durch seine unter Cäsar in Gallien erworbenen militärischen Kenntnisse sehr nützlich.

Im Bürgerkrieg trat er — ebenso wie sein Bruder — auf die Seite des Pompeius, aber nach der Schlacht bei Pharsalus schloß er sich Cäsar an. Zu dieser Zeit trat eine Mißstimmung im Verhältnis der Brüder ein, weil Quintus die Schuld für seinen Anschluß an Pompeius seinem Bruder gab. Im Dezember **43** fiel Quintus zusammen mit seinem Bruder Marcus und seinem Sohn Quintus den Proskriptionen der Triumvirn zum Opfer.

Die folgenden Textausschnitte sind dem Brief entnommen, den Cicero im Jahre **60/59** von Rom aus an seinen Bruder Quintus sandte. Der Brief handelt von der Provinzverwaltung und war — im Unterschied zu den meisten anderen ciceronischen Schreiben — für eine Veröffentlichung bestimmt. Cicero entwickelt in ihm die Grundsätze für eine vorbildliche Provinzverwaltung und mahnt Quintus, diese Grundsätze in seiner Lebens- und Amtsführung zu verwirklichen.

24. referre ad: beziehen auf. — **antiquus:** wichtig. — **attingere:** erreichen, betreten. — **constanti fama:** nach dem übereinstimmenden Urteil. — **mutus:** stumm. — **servire:** dienen, fördern. Cicero stellt hier Leitsätze auf, die das Verhalten des Statthalters bestimmen sollen. Im Hintergrund steht das Bild des idealen Herrschers, für den das Wohl der Untertanen den Maßstab seines Handelns bildet.

25. Cicero erläutert jetzt näher, was unter **commoda** und **utilitas** zu verstehen ist. — **contrahere** sc. aes alienum: Schulden machen. — **Halicarnassus:** Stadt in Karien, die zur Provinz Asia gehörte. — **consilia optimatium:** Einsicht, kluge Verwaltung der Aristokraten. — **latrocinium:** Räuberei. — **Mysia:** Teil der Provinz Asia. — **fanum:** Heiligtum. — **fortunae:** Vermögen. — **locuples, etis:** wohlhabend. Damit sind die Optimaten gemeint, die besitzenden Schichten, die der Statthalter fördern soll, damit die bestehende soziale Ordnung gewahrt bleibt. — **calumnia:** Betrug, falsche Anklage. — **tributum:** öffentliche Abgabe. — **inopia:** Ratlosigkeit. — **popularis accessus ac tribunalis:** öffentliche Audienz- und Gerichtstage. Im wesentlichen sind es also vier Leistungen, die Quintus als guten

Statthalter kennzeichn n: Die gerechte steuerliche Behandlung der Gemeinden, der Wiederaufbau der verödeten Städte, die Sorge für Ruhe und Frieden in den Gemeinden und die Schaffung der äußeren Sicherheit durch Beseitigung der Räubereien und Überfälle. Am Schluß faßt Cicero das mustergültige Verhalten in dem negativen Ausdruck **nihil acerbum esse, nihil crudele** allgemein zusammen, um dann noch einmal in einer emphatischen Klimax **(omnia plena clementiae, mansuetudinis, humanitatis)** das Gesamtverhalten des Quintus zu umschreiben.

26. vectigal aedilicium: Ädilensteuer. Quintus hat die Sondersteuer, welche die Ädilen erhoben, um in Rom ihre Spiele zu finanzieren, beseitigt. Dadurch hat er sich Feinde geschaffen, da den Ädilen durch den Wegfall der Steuer natürlich große Summen verlorengingen. — **simultas:** Feindschaft. — **HSCC:** 200000 Sestertien. — **eripere:** Das Verb zeigt, wie die Betroffenen die Maßnahme Ciceros auffaßten, obwohl es keine Rechtsgrundlage für ihr Vorgehen gab. — **instituere:** einführen, einrichten. — **erogare:** verausgaben, ausgeben. — **quamquam** (im Hauptsatz): indessen. — **summa sua voluntate:** ganz freiwillig. — **nominatim:** ausdrücklich. — **excipere:** eine Ausnahme machen. — **lex:** De (pecuniis) repetundis. — **dignitas:** Würdigkeit, Verdienst. § 26 behandelt die praktische Tätigkeit des Quintus und deren Auswirkungen in der Provinz und in Rom. Um Nachteile für seine und seines Bruders politische Karriere zu vermeiden, — denn jede Anordnung des Statthalters, welche finanzielle Erleichterungen der Provinzialen zur Folge hat, schädigt auf der anderen Seite die Beamten, die sich bereichern wollen — greift Cicero zu Gegenmaßnahmen. Er verzichtet öffentlich auf eine Geldsumme, welche die dankbaren Gemeinden von Asia anläßlich seines Konsulates für die Erbauung eines Tempels und eines Denkmals gesammelt hatten. Die Äußerung Ciceros, die Spenden seien freiwillig aufgebracht worden und seien gesetzlich erlaubt, sollen seine Uneigennützigkeit auch in der Öffentlichkeit besonders betonen und zugleich die Selbstlosigkeit des Quintus unterstreichen.

27. incumbere: sich auf etwas verlegen, sich bemühen um. — **ratio:** Grundsatz. — **adhuc usus:** Quintus hat sich in seiner bisherigen Provinzverwaltung besonders durch Steuererleichterungen um das Wohl der Bewohner verdient gemacht. — **credere:** anvertrauen. — **tueare** = tuearis. Der Statthalter vertritt als Beauftragter Roms den Senat und das römische Volk, die ihn beauftragt haben, sich für das Wohl der Untertanen einzusetzen. Der Begriff **fides** verdeutlicht die Verantwortung, die der Statthalter gegenüber den Provinzialen hat. — **sors:** das Los, Amt. Die Provinzen wurden ausgelost. — **immanis:** unmenschlich, wild. — **humanitas:** Dieses Wort ist ein Sammelbegriff, der alle Eigenschaften eines idealen Statthalters enthält: sapientia, diligentia, moderatio, doctrina, integritas, continentia, temperantia, liberalitas, severitas, facilitas, comitas, clementia, mansuetudo. Die humanitas soll man allen Völkern zukommen lassen, vor allem den Griechen, die als Schöpfer der humanitas ein besonderes Recht haben, entsprechend behandelt zu werden.

28. residēre: vorhanden sein. — **inertia:** Trägheit. — **levitas:** Leichtsinn. — **disciplina:** Kunst, Wissenschaft. — **monumentum:** (schriftliches) Denkmal. — **praeter:** abgesehen von. — **debēre:** schulden. — **expromere:** hervorholen, betätigen, zeigen. Der erste Satz des Abschnittes enthält ein Bekenntnis Ciceros zur griechischen Bildung, der er, wie auch viele andere, seine erreichte Stellung verdankt. Der folgende Satz gibt an, welche Verpflichtung sich daraus den Griechen gegenüber ergibt.

29. Im ersten Satz greift Cicero auf sein Vorbild Plato zurück (Politeia 473 C). — **videlicet:** offenbar, nämlich. — **aliquando:** unter dem Konsulat Ciceros. — **percipere:** erfassen, sich aneignen. Der Provinzstatthalter Quintus Cicero gleicht dem Bild des platonischen Idealherrschers, da er die **coniunctio potestatis et sapientiae** besitzt.

XII. Ciceros literarische Tätigkeit

60. Ciceros Beschäftigung mit Büchern (fam. 1,9,23)

Einzelne kurze Äußerungen über Ciceros literarische Tätigkeit finden sich verstreut in vielen seiner Briefe. Seltener sind schon längere zusammenhängende Abschnitte, die einen Einblick in sein literarisches Schaffen vermitteln. Der folgende Bericht aus dem Jahre 54 ist dem ausführlichen Brief an P. Cornelius Lentulus Spinther (vgl. Einl. zu Brief 16) entnommen und will dem literarisch interessierten Adressaten einen Einblick geben in seine literarische Tätigkeit der Jahre 56—54. Dabei steht das bedeutende Werk de oratore im Vordergrund.

23. orationes quaedam: Es handelt sich um die Reden pro Sestio, in Vatinium, de provinciis consularibus, pro Balbo, pro Caelio, in Pisonem, pro Vatinio, pro Scauro, pro Plancio, pro Rabirio Postumo und pro Gabinio, alles Reden aus den Jahren 56—54. — **Menocritus:** Freigelassener des Lentulus. — **diiungere** = disiungere: trennen. — **mansuetiores Musae:** sanftere Musen. Cicero bezeichnet damit seine wissenschaftlichen Forschungen im Gegensatz zu seiner praktischen Tätigkeit auf dem Forum. — **Aristotelio more:** Der aristotelische Dialog war im Unterschied zum platonischen, in dem mehrere Personen in Frage und Antwort die Wahrheit finden (Dialektik), dadurch gekennzeichnet, daß Aristoteles in zusammenhängender Rede vortrug (disputatio), aber anschließend auch der Gegner in einem Lehrvortrag seine Meinung äußerte. — **in disputatione ac dialogo:** in Gesprächsform, in Dialogform. — **de oratore:** Diesen bedeutenden Dialog verfaßte Cicero im Jahre 55. Er verlegt ihn ins Jahr 91 und läßt als Hauptredner L. Licinius Crassus (geb. 140 v. Chr.) und M. Antonius (geb. 143 v. Chr.) auftreten. Thema des Werkes ist die Gestalt des vollkommenen Redners, der nicht nur seine Kunst beherrscht, sondern auch philosophische Bildung besitzt. — **abhorrēre a:** abweichen von. — **communia praecepta:** Allgemeine Lehren wurden in rhetorischen Handbüchern, wie dem liber ad Herennium und Ciceros Jugendschrift de inventione, vermittelt. — **ratio oratoria:** rhetorische Theorie. — **Isocrates:** Attischer Redner (436—338 v. Chr.). — **de temporibus meis:** Das Werk über seine Leidenszeit ist nicht erhalten. — **deferre:** vorlegen.

61. Cicero über „de oratore" und „de re publica" (Att. 4,16,2—3)

Nachdem Cicero in seinem Werk de oratore den vollkommenen Redner und seine Redekunst behandelt hatte, begann er im Jahre 54 folgerichtig mit der Darstellung des idealen Staatsmannes und des besten Staates (de re publica). Anfang Juli 54 teilte Cicero seinem Freunde Atticus mit, von welchen Überlegungen er sich bei der Abfassung der beiden Dialoge leiten ließ. Der kurze Textabschnitt zeigt auch den Einfluß des Platon und Aristoteles auf die äußere Form der ciceronischen Dialoge.

2. M. Terentius Varro (116—27 v. Chr.): Römischer Gelehrter und Dichter, der zahlreiche Werke verfaßte. Erhalten sind res rusticae und de lingua Latina. Er besaß eine umfangreiche Bibliothek, die auch Cicero benutzte. — **in aliquem locum:** Gemeint ist der Dialog de oratore. — **includere:** einfügen. — **in oratoriis** sc. libris: vgl. Brief 60. — **disputatio:** Untersuchung, Erörterung. — **instituere:** beginnen. — **de re publica:** In den Jahren 54—51 arbeitete Cicero an dem sechs Bücher umfassenden Dialog, den er seinem Bruder Quintus widmete. In de re publica stellt Cicero die Frage nach der besten Staatsform und nach dem besten Bürger. Man könnte das Werk als Gegenstück zu Platons Politeia bezeichnen. — **P. Cornelius Scipio Africanus:** Konsul 147. Im Jahre 146 eroberte und zerstörte er Karthago. 133 beendete er den numantinischen Krieg mit der Zerstörung von Numantia. Cicero hat ihn zur Hauptperson seines Dialoges de re publica gemacht, weil er der bedeutendste Mann seiner Zeit war und auf Grund seiner griechischen Bildung sich am besten eignete, Ciceros Meinung vorzutragen. — **Furius Philus:** Konsul 136, Freund des Scipio und des Laelius. — **C. Laelius:** Konsul 140 und Freund des jüngeren Scipio. Stand der stoischen Philosophie nahe. — **M'. Manilius:** Konsul 149. Zeichnete sich durch große Rechtskenntnisse aus und schrieb verschiedene juristische Werke. — **conferre in:** verlegen auf. — **Q. Aelius Tubero:** Neffe des Scipio. — **P. Rutilius:** Konsul 105. Er stellt für Cicero die Verbindung zum Scipionenkreis her. — **Q. Mucius Scaevola Augur:** Konsul 177. Cicero schloß sich in seiner Jugend diesem gelehrten Juristen an, um sich die nötigen Rechtskenntnisse zu erwerben. — **Fannius:** Hervorragender römischer Historiker. — **prohoemium:** Vorrede. — ἐξωτερικοὺς (Akk. Plur.): die populären Schriften.

3. in iis libris: Cicero wendet sich wieder dem Dialog de oratore zu. — **in πολιτείᾳ**: in der Politeia. — **deus ille noster Plato**: Die verschiedenen philosophischen Lehren haben Cicero beeinflußt, jedoch nahm er insofern einen festen Standpunkt ein, als er besonders Platon folgte. Wie bei Platon in der Politeia der alte Kephalus nur am einleitenden Gespräch teilnimmt und dann abtritt, so läßt auch Cicero den greisen Scaevola nur am Gespräch des ersten Tages teilnehmen. — **festivus**: nett, munter, gemütlich. — **commodus**: angemessen. — **res divina**: Gottesdienst. — **consonus**: angemessen. — **decorum**: passend. — **τεχνολογία**: technische Erörterungen. In Buch II von de oratore spricht Antonius von der Rhetorik im engeren Sinne. Buch III behandelt u. a. den Stil (elocutio) und Vortrag (actio). Diese Stelle zeigt, wie sorgfältig Cicero sich Gedanken um die Komposition gemacht hat. — **ioculator** (iocus): Spaßmacher.

62. Ein Bericht an Quintus über „de re publica" (Q. fr. 3,5,1—2)

Die ungünstigen Verhältnisse des Jahres 54 hatten Cicero gezwungen, sich vom aktiven Leben zurückzuziehen und sich schriftstellerischer Tätigkeit zu widmen.

Im Herbst des Jahres 54 (Ende Oktober/Anfang November) befindet sich Cicero auf seinem Landgut bei Tusculum, wo er die erste Fassung von de re publica fertiggestellt hat.

Seinem Bruder, dem er auch dieses Werk gewidmet hat, kündet er die Zusendung eines ersten Entwurfes an. Von dem ursprünglichen Plan, den Dialog auf neun Tage und ebensoviele Bücher zu verteilen, ist Cicero später abgewichen, so daß der Dialog in der heute vorliegenden Form sechs Bücher enthält, deren Inhalt sich auf drei Tage verteilt.

1. **de illis libris**: Das Werk de re publica. — **Cumanum**: Ciceros Landgut bei Cumä, in der Nähe von Neapel. — **cessare**: nachlassen, ruhen. — **consilium**: Plan, Aufbau. — **ratio**: Verfahren. — **novendiales feriae**: neuntägiges Sühnefest. — **Tuditanus, Aquilius**: Konsuln des Jahres 129. In dieses Jahr verlegte Cicero den Dialog, kurze Zeit bevor Scipio starb. — **Africanus**: vgl. zu Brief 61,2. — **de optimo statu civitatis et de optimo cive**: Cicero gibt mit diesen Worten das Thema des Dialoges an. — **texere**: abfassen. — **luculentus**: ansehnlich, tüchtig. — **dignitas**: Die Teilnehmer des Gespräches waren bedeutende Männer ihrer Zeit. — **Cn. Sallustius**: Freund Ciceros. — **legere**: vorlesen. — **Heraclides Ponticus**: Schüler des Platon und Aristoteles, der als Theoretiker in seinen Schriften über den Staat berühmte Männer der Vergangenheit auftreten ließ. — **in illis libris**: de

oratore. — **ratio dicendi**: die Redekunst. — **bellus** (umgangssprachlich): hübsch, gut. In de oratore tragen mehrere Dialogpartner ihre Meinungen in zusammenhängender Rede vor, während Cicero selbst nicht auftritt. Seine eigene Meinung läßt er den Crassus in Buch III vortragen.
2. maximi motus: die gewaltigen Erschütterungen. Cicero spielt hier u. a. auf die unruhigen Zeiten des sullanischen Krieges an. — **attingere**: berühren, besprechen. — **inferior**: jünger, später. — **tecum**: Cicero hat seinem Bruder Quintus das Werk gewidmet. — **stomachus**: Ärger.

63. Ciceros literarische Tätigkeit im Jahre 44: „de officiis" (Att. 16,11,4)

Am 5. November 44 richtet Cicero von Puteoli aus an seinen Freund Atticus einen Brief, in dem er von seiner Arbeit an „de officiis" berichtet. Dieses letzte große philosophische Werk ist in Anlehnung an die Schrift des Panaitios (περὶ τοῦ καθήκοντος) verfaßt. Cicero widmete „de officiis" (über das richtige Handeln) seinem in Athen studierenden Sohn Marcus, wandte sich aber damit auch gleichzeitig an die römische Jugend, die einmal die politische Führung im Staate übernehmen soll. Er will ihr den richtigen Weg zum verantwortlichen politischen Handeln zeigen.
4. τὰ περὶ τοῦ καθήκοντος: das rechte (pflichtgemäße) Handeln. — **Panaetius**: Er gehörte zum Freundeskreis des jüngeren Scipio und übernahm um 130 v. Chr. die Leitung der Stoikerschule in Athen. Sein Werk diente Cicero als Quelle für die ersten beiden Bücher von de officiis. Im ersten Buch behandelt Cicero das honestum, das Sittlichgute, im zweiten Buch das utile, das Nützliche. Es geht hier um die Frage, wie der einzelne Mensch, besonders der führende Politiker, der im Dienst des Staates steht, den größten Nutzen erreichen kann. Im dritten Buch wird der Konflikt zwischen honestum und utile behandelt. — **Regulus**: Er war während des ersten punischen Krieges von den Karthagern gefangengenommen worden. Als die Karthager ihn mit einem Friedensangebot nach Rom schickten, riet er von einem Frieden ab und kehrte wieder in die Gefangenschaft zurück, weil er sein Ehrenwort gegeben hatte. — **Posidonius**: Stoischer Philosoph, Schüler des Panaetius. — **Athenodorus Calvus** (75 v. Chr. bis 7. n. Chr.): Stoiker aus Tarsos, Freund Ciceros und später Lehrer des Augustus. — **τὰ κεφάλαια**: die Hauptpunkte. — **cohortere** = cohorteris. — **inscriptio**: Titel. — **προσφωνῶ**: ich widme.